十三經漢魏古注叢書

周易注

〔三國魏〕王弼 注
〔東晉〕韓康伯 補注
谷繼明 整理

商務印書館
The Commercial Press

商务印书馆（上海）有限公司 出品
The Commercial Press (Shanghai) Co.Ltd

十三經漢魏古注叢書

總主編：朱傑人

執行主編：徐　淵　但　誠

叢 書 序

儒學的發生和發展，是與儒家經典的確認與被詮釋、被解讀相始終的。東漢和帝永元十四年（公元102年），司空徐防"以《五經》久遠，聖意難明，宜爲章句，以悟後學。上疏曰：'臣聞《詩》《書》《禮》《樂》，定自孔子，發明章句，始於子夏。其後諸家分析，各有異説。漢承亂秦，經典廢絶，本文略存，或無章句。收拾缺遺，建立明經，博徵儒術，開置太學。'"（〔南朝宋〕范曄撰，〔唐〕李賢等注：《後漢書》卷四十四《徐防傳》，北京：中華書局，1965年，第1500頁）於今而言，永元離孔聖時代未遠（孔子逝於公元前479年，至永元十四年，凡581年），然徐防已然謂"《五經》久遠，聖意難明"，而强調"章句"之學的重要性。所謂"章句"，即是對經典的訓釋。從徐防的奏疏看，東漢人既認同子夏是對儒家經典進行訓釋的"發明"者，也承認秦亂以後儒家的經典只有本文流傳了下來，而"章句"已經失傳。

西漢武帝即位不久，董仲舒上《天人三策》，確立了儒學作爲國家的主流意識形態。自此，對儒家經典的研究與注釋出現了百花齊放的局面，章句之學成爲一時之顯學。漢人講經，重師法和家法。皮錫瑞曰："前漢重師法，後漢重家法。先有師法，而後能成一家之言。師法者，溯其源；家法者，衍其流也。"（〔清〕皮錫瑞著，周予同注釋：《經學歷史》，北京：中華書局，2008年，第136頁）既溯其源，則兩漢經學，幾乎一出於子夏。即其"流"，大抵也流出不遠。漢章帝建初四年（公元79年），詔群儒會講白虎觀論《五經》異同，詔曰："蓋三代導人，教學爲本。漢承暴秦，褒顯儒術，建立《五經》，爲置博士。其後學者精進，雖曰承師，亦別名家。孝宣皇帝以爲去聖久遠，學不厭博，故遂立大、小夏侯《尚書》，後又立《京氏易》。至建武中，復置顏氏、嚴氏《春秋》，大、小戴《禮》博士。此皆所以扶進微學，尊廣道藝也。"（〔南朝宋〕范曄撰，〔唐〕李賢等注：《後漢書》卷三《肅宗孝章帝紀》，第137—138頁）漢章帝的詔書肯定了師法與家法在傳承儒家經典過程中不可或缺的作用，並認爲收羅和整理瀕臨失傳的師法、家法之遺存，可以"扶進微學，尊廣道藝"。

　　嚴正先生認爲兩漢經學家們"注重師法和家法是爲了證明自己學説的權威性，他們可以列出從孔子以至漢初經師的傳承譜系，這就表明自己的學説確實是孔子真傳"（姜廣輝主編：《中國經學思想史》第二卷，北京：中國社會科學出版社，2003年，第14頁）。這種風氣，客觀上爲兩漢時代經學的發展提供了一個可控而不至失範的學術環境，有利於經學的傳播和發展（當然，家法、師法的流弊是束縛了經學獲得新的生命力，那是問題的另一個方面）。漢代的這種學風，一直影響到魏、晉、唐。孔穎達奉旨修《五經正義》，馬嘉運"以穎達所撰《正義》頗多繁雜，每掎摭之，諸儒亦稱爲允當"（〔後晉〕劉昫等撰：《舊唐書》卷七十三《馬嘉運傳》，北京：中華書局，1975年，第2603頁）。所謂"頗多繁雜"，實即不謹師法。史載，孔穎達的《五經正義》編定以後，因受到馬嘉運等的批評並未立即頒行，而是"詔更令詳定"

(〔後晉〕劉昫等撰:《舊唐書》卷七十三《馬嘉運傳》,第2603頁)。直至高宗永徽四年(公元653年),才正式詔頒於天下,令每歲明經科以此考試。此時離孔穎達去世已五年之久。此可見初唐朝野對儒家經典訓釋的慎重和謹嚴。這種謹慎態度的背後,顯然是受到自漢以來經典解釋傳統的影響。

正因爲漢、魏至唐,儒家學者們對自己學術傳統的堅守和捍衛,給我們留下了一份彌足珍貴的遺產,那就是一系列關於儒家經典的訓釋。我們今天依然可以見到的如:《周易》王弼注,《詩經》毛亨傳、鄭玄箋,《尚書》僞孔安國傳,三《禮》鄭玄注,《春秋左傳》杜預注,《春秋公羊傳》何休解詁,《春秋穀梁傳》范甯集解,《論語》何晏集解,《孟子》趙岐章句,《爾雅》郭璞注,《孝經》孔安國傳、鄭玄注等。這些書,我們姑且把它們稱作"古注"。

惠棟作《九經古義序》曰:"漢人通經有家法,故有《五經》師。訓詁之學,皆師所口授,其後乃著竹帛。所以漢經師之説立於學官,與經並行。《五經》出於屋壁,多古字古音,非經師不能辯,經之義存乎訓,識字審音乃知其義,是故古訓不可改也,經師不可廢也。"(〔清〕惠棟:《九經古義》述首,王雲五編:《叢書集成初編》254—255,上海:商務印書館,1937年,第1頁)惠氏之説,點出了不能廢"古注"的根本原因,可謂中肯。

對儒家經典的解讀,到了宋代發生一個巨大的變化:"訓詁之學"被冷落,"義理之學"代之而起。由此又導出漢學、宋學之别,與漢學、宋學之爭。

王應麟説:"自漢儒至於慶曆間,説經者守訓故而不鑿。《七經小傳》出而稍尚新奇矣。至《三經義》行,視漢儒之學若土梗。"(〔宋〕王應麟著,〔清〕翁元圻輯注,孫通海點校:《困學紀聞注》卷八《經說》,北京:中華書局,2016年,第1192頁)按,《七經小傳》劉敞撰,《三經義》即王安石《三經新義》。然則,王應麟認爲宋代經學風氣之變始於劉、王。清人批評宋學:"非獨科舉文字蹈空而已,說經之書,亦多空衍義理,橫發議論,與漢、唐注疏全異。"(〔清〕皮錫瑞著,周予同注釋:《經學歷史》,第274頁)惠棟甚至引用其父惠士奇的話說:"宋人不好古而好臆說,故其解經皆燕相之說書也。"(〔清〕惠棟:《九曜齋筆記》卷二《本朝經學》,《聚學軒叢書》本)其實,宋學的這些弊端,宋代人自己就批評過。神宗熙寧二年(公元1069年)司馬光上《論風俗劄子》曰:"竊見近歲公卿大夫好爲高奇之論,喜誦老、莊之言,流及科場,亦相習尚。新進後生,未知臧否,口傳耳剽,翕然成風。至有讀《易》未識卦、爻,已謂《十翼》非孔子之言;讀《禮》未知篇數,已謂《周官》爲戰國之書;讀《詩》未盡《周南》《召南》,已謂毛、鄭爲章句之學。讀《春秋》未知十二公,已謂三《傳》可束之高閣。循守注疏者,謂之腐儒;穿鑿臆說者,謂之精義。"(〔宋〕司馬光撰,李文澤、霞紹暉校點:《司馬光集》卷四五,成都:四川大學出版社,2010年,第973—974頁)可見,此種學風確爲當時的一種風氣。但清人的批評指向却是宋代的理學,好像宋代的理學家們都是些憑空臆說之徒。這種批評成了理學躲不開的夢魘,也成了漢學、宋學天然的劃界標準。

遺憾的是,這其實是一種被誤導了的"常識"。

理學家並不拒斥訓詁之學,更不輕視漢魏古注。恰恰相反,理學家的義理之論正是建立在對古注的充分尊重與理解之上才得以成立，即使對古注持不同意見，也必以翔實的考據和慎密的論證爲依據。而這正是漢學之精髓所在。試以理學的經典《四書章句集注》爲例，其訓詁文字基本上採自漢唐古注。據中國臺灣學者陳逢源援引日本學者大槻信良的統計："《論語集注》援取漢宋諸儒注解有九百四十九條，採用當朝儒者說法有六百八十條；《孟子集注》援取漢宋諸儒注解一千零六十九條，採用當朝儒者說法也有二百五十五條。"（陳逢源：《朱熹與四書章句集注》，臺北：里仁書局，2006年，第195—196頁）這一統計說明，朱子的注釋是"厚古"而"薄今"的。

朱子非常重視古注，推尊漢儒："古注有不可易處。"（〔宋〕黎靖德輯，鄭明等校點：《朱子語類》卷六十四，《朱子全書》〔第十六册〕，上海：上海古籍出版社，合肥：安徽教育出版社，2002年，第2130頁）"諸儒說多不明，却是古注是。"（〔宋〕黎靖德輯，鄭明等校點：《朱子語類》卷六十四，《朱子全書》〔第十六册〕，第2116頁）"東漢諸儒煞好。……康成也可謂大儒。"（〔宋〕黎靖德輯，鄭明等校點：《朱子語類》卷八十七，《朱子全書》〔第十七册〕，第2942頁）甚至對漢人解經之家法，朱子亦予以肯定："其治經必專家法者，天下之理固不外於人之一心，然聖賢之言則有淵奧爾雅而不可以臆斷者，其制度、名物、行事本末又非今日之見聞所能及也，故治經者必因先儒已成之說而推之。借曰未必盡是，亦當究其所以得失之故，而後可以反求諸心而正其繆。此漢之諸儒所以專門名家，各守師說，而不敢輕有變焉者也……近年以來，習俗苟偷，學無宗主，治經者不復讀其經之本文與夫先儒之傳注，但取近時科舉中選之文諷誦摹仿，擇取經中可爲題目之句以意扭捏，妄作主張，明知不是經意，但取便於行文，不假恤也……主司不惟不知其繆，乃反以爲工而置之高等。習以成風，轉相祖述，慢侮聖言，日以益盛。名爲治經而實爲經學之賊，號爲作文而實爲文字之妖。不可坐視而不之正也。"（〔宋〕朱熹撰，徐德明、王鐵校點：《學校貢舉私議》，《晦庵先生朱文公文集》卷六十九，《朱子全書》[第二十三册]，第3360頁）這段文字明白無誤地指出，漢人家法之不可無，治經必不可丢棄先儒已成之説。

　　這段文字還對當時治經者抛棄先儒成説而肆意臆説的學風提出了嚴厲的批評。認爲這不是治經，而是經學之賊。他對他的學生説："傳注，惟古注不作文，却好看。只隨經句分説，不離經意最好。疏亦然。今人解書，且圖要作文，又加辨説，百般生疑。故其文雖可讀，而經意殊遠。"（〔宋〕黎靖德輯，鄭明等校點：《朱子語類》卷十一，《朱子全書》[第十四册]，第351頁）他認爲守注疏而後論道是正道："祖宗以來，學者但守注疏，其後便論道，如二蘇直是要論道，但注疏如何棄得？"（〔宋〕黎靖德輯，鄭明等校點：《朱子語類》卷一百二十九，《朱子全書》[第十八册]，第4028頁）他提倡訓詁、經義不相離："漢儒可謂善説經者，不過只説訓詁，使人以此訓詁玩索經文，訓詁、經文不相離異，只做一道看了，直是意味深長也。"（〔宋〕朱熹撰，徐德明、王鐵校點：《答張敬夫》，《晦庵先生朱文公文集》卷三十一，第1349頁）

　　錢穆先生論朱子之辨《禹貢》，論其考據功夫之深，而有一歎曰："清儒窮經稽古，以《禹貢》專門名家者頗不乏人。惜乎漢宋門户牢不可破，先横一偏私之見，未能直承朱子，進而益求其真是之所在，而仍不脱於遷就穿鑿，所謂巧愈甚而謬愈彰，此則大可遺憾也。"（錢穆：《朱子新學案》[第五册]，《錢賓四先生全集》，臺北：聯經出版事業公司，1998年，第341頁）

20世紀20年代，商務印書館曾經出過一套深受學界好評的叢書《四部叢刊》。《叢刊》以精選善本爲勝，贏得口碑。經部典籍則以漢魏之著，宋元之刊爲主，一時古籍之最，幾乎被一網打盡。但《四部叢刊》以表現古籍原貌爲宗旨，故呈現方式爲影印。它的好處是使藏之深閣的元明刻本走入了普通學者和讀者的家庭，故甫一問世，便廣受好評，直至今日它依然是研究中國學術文化的學者們不可或缺的基本圖書。但是，它的缺點是曲高和寡而價格不菲，不利於普及與流通。鑒於當下持續不斷的國學熱、傳統文化熱，人們研讀經典已從一般的閱讀向深層的需求發展，商務印書館決定啓動一項與時俱進的大工程：編輯一套經過整理的儒家經典古注本。選目以《四部叢刊》所收漢魏古注爲基礎，輔以其他宋元善本。爲了適應現代人的閱讀習慣，這套叢書改直排爲横排，但爲了保持古籍的原貌而用繁體字，並嚴格遵循古籍整理的規範，有句讀（點），用專名綫（標）。參與整理的，都是國内各高校和研究機構學有專長的中青年學者。

另外，本次整理還首次使用了剛剛開發成功的 Source Han（開源思源宋體）。這種字體也許可以使讀者們有一種更舒適的閱讀體驗。

朱傑人
二〇一九年二月
於海上桑榆匪晚齋

目　錄

整理説明 / 1
整理凡例 / 10

周易上經乾傳第一 / 11
　乾 / 13
　坤 / 20
　屯 / 24
　蒙 / 27
　需 / 30
　訟 / 33
　師 / 36
　比 / 39
　小畜 / 42
　履 / 45

周易上經泰傳第二 / 49
　泰 / 51
　否 / 54
　同人 / 56
　大有 / 59

謙　　　　　　　　　　　　／ 62

　　豫　　　　　　　　　　　　／ 65

　　隨　　　　　　　　　　　　／ 67

　　蠱　　　　　　　　　　　　／ 70

　　臨　　　　　　　　　　　　／ 73

　　觀　　　　　　　　　　　　／ 76

周易上經噬嗑傳第三　　　　　／ 79

　　噬嗑　　　　　　　　　　　／ 81

　　賁　　　　　　　　　　　　／ 84

　　剝　　　　　　　　　　　　／ 87

　　復　　　　　　　　　　　　／ 90

　　无妄　　　　　　　　　　　／ 93

　　大畜　　　　　　　　　　　／ 96

　　頤　　　　　　　　　　　　／ 99

　　大過　　　　　　　　　　　／ 102

　　習坎　　　　　　　　　　　／ 105

　　離　　　　　　　　　　　　／ 108

周易下經咸傳第四　　　　　　／ 111

　　咸　　　　　　　　　　　　／ 113

　　恆　　　　　　　　　　　　／ 116

　　遯　　　　　　　　　　　　／ 119

　　大壯　　　　　　　　　　　／ 121

　　晉　　　　　　　　　　　　／ 124

　　明夷　　　　　　　　　　　／ 127

　　家人　　　　　　　　　　　／ 130

目　錄

睽 / 133

蹇 / 136

解 / 139

損 / 142

益 / 146

周易下經夬傳第五

夬 / 151

姤 / 155

萃 / 158

升 / 161

困 / 164

井 / 168

革 / 171

鼎 / 174

震 / 177

艮 / 180

漸 / 183

歸妹 / 186

周易下經豐傳第六

豐 / 191

旅 / 194

巽 / 197

兌 / 200

渙 / 202

節 / 205

中孚　　　　　　　　　　　　／ 207

　　小過　　　　　　　　　　　　／ 210

　　既濟　　　　　　　　　　　　／ 213

　　未濟　　　　　　　　　　　　／ 216

周易繫辭上第七　　　　　　　　／ 219

周易繫辭下第八　　　　　　　　／ 235

周易說卦第九　　　　　　　　　／ 251

周易序卦第十　　　　　　　　　／ 257

周易雜卦第十一　　　　　　　　／ 265

周易略例　　　　　　　　　　　／ 271

　　周易略例序　　　　　　　　　／ 273

　　略例上　　　　　　　　　　　／ 275

　　略例下　　　　　　　　　　　／ 290

整理説明

在群經中,《周易》是撰作最早、時間跨度最久的經典,有"人更三聖,世歷三古"之稱,故《漢書·藝文志》將《周易》列在最前。

《周易》包括三個部分:卦象、卦爻辭、《易傳》。狹義的《易經》,主要就指卦象和卦爻辭。"《易》本卜筮之書",是歷代不少學者對《易經》一書性質的判定。這句話本身沒大問題。但關鍵是在何種意義上理解"卜筮之書"的義涵。近代以來的一派學者認爲,《周易》卦爻辭不過是殷、周時代占筮記錄的匯集。他們一方面否認卦爻辭之間的結構和秩序,另一方面割裂卦爻象與辭之間的聯繫。其典型代表是顧頡剛、高亨等先生。但他們顯然無法解釋《周易》卦爻辭何以在取象上整齊的"潛龍、在田、或躍、在天、亢龍",以及"艮其趾、其腓、其限、其身、其輔"等大量例證。這些爻辭不僅有秩序,其結構和取象亦密切地與卦爻象相結合。是故《周易》的卦爻辭必然出於後人的撰作,而非纂輯。其作者是那個時代最有文化的人。在此意義上,我們把作者權且歸於文王,亦無不可。文王在這裏是一個文化符號的代表;正如《易》之符號體系的發明者也當是那個時代最有文化的人,便將畫卦者歸之伏羲。

在今傳的《周易》卦爻辭撰作之前,更古老的是《易》的卦爻象體系,以及占筮的技術。這個象數體系在周代之前到底發展到了什麼程度，在當今仍然是一個爭論不休的問題，比如伏羲畫卦的時候，有沒有按照邵雍所説的那種方法呢？這類問題暫且不去管它，目前可以基本確定的看法是：第一，遠在《周易》卦爻辭形成之前就有了豐富的象數體系；第二，現今配合《周易》的占筮方法主要是《繫辭傳》所載的大衍筮法，但在當時肯定有許多種占筮方法，比如清華簡和包山簡所揭示的那樣；第三，與此相應的，《周易》卦爻辭之前以及之後，有許多其他類型的文本，比如《歸藏》等，來説明占筮的吉凶。《易》最初直接根據卦爻象來進行占筮，必然要建立一種解讀的規則，其中的信息才能展示出來。一方面，占卦得到卦爻象，作爲符號的象；一方面，占筮要對未來的事做出預測，這就涉及自然、人事的象，實際事物的象。從符號之象推出未來的實際事物，把諸多實際的事物之象構建成一個完整的語句，便是占筮的完成。這種卦象的解讀需要技巧和門徑，但並非人人都能得知、掌握。此時有一部分懂得占筮技術的人，將一部分實際之象解讀出來，寫成文字，或者直接判斷吉凶，或者給後來人舉個例子，這就是《易》之辭産生的主要原因。《繫辭傳》説：“聖人設卦觀象，繫辭焉而明吉凶。”設卦即是《周易》象數體系的造作，觀象就是對成卦之象所含的事件及吉凶善惡的分析，繫辭則是對卦象和預測的文辭化申説。觀象是繫辭的前提，而“繫”字尤其能體現卦爻辭撰寫時的原始情境。“繫”作爲動詞，是把一個東西繫在另一個東西下面；作爲結果，所繫者和被繫者亦因之建立了一種聯繫。“繫辭”這個名稱本身，已然説明了辭在撰作時即是根本於卦爻象的。由此我們亦可以斷定，解讀《易》辭的核心是“取象”，而不是考證。

既然在先秦時代存在著這麽多不同的卦爻辭文本，爲何《周易》最後成爲經典呢？主要的原因，當是《周易》相對於其他《易》書的完備性和系統性。換言之，作者在撰作《周易》卦爻辭的時候，即有意要擺脱臨時性的、純粹的占筮趣味和應用指嚮，加入了德義的内容。韓宣子聘魯，見到了《易象》與《魯春秋》，便感歎"周禮盡在魯"。韓宣子所仕的晉國，其占筮也很豐富，爲何見了《易象》便感歎周禮之美呢？最合理的解釋是，韓宣子見到了《周易》，其占法和文辭大異秦、晉地區的方術。在周、魯的文化中，《周易》具有禮典的意義。但在西周及孔子的時代，一般的學校教育主要是《詩》《書》《禮》《樂》。《易》最初由專門的職官來研究和掌握，而《春秋》也秘在官府，不宜在社會公開講解。《周易》的普及，有兩個推動因素。一是西周滅亡，王權失墜，社會進一步開放，史官散而之四方，《周易》逐漸爲列國所知。《左傳》"周史有以《周易》見陳侯者"的記載可證。一是孔子贊《易》。馬王堆帛書的《要》篇曾借孔子之口説："《尚書》多闕矣，《周易》未失也，且又古之遺言焉。予非安其用也。予樂其辭也。"孔子對《周易》的定位發生了變化：在文本形態上從象數轉移到文辭，在解讀方式上從占筮轉移到德義。孔門後學秉持此想法進一步撰作《易傳》，使《周易》的文本形態完備起來，最終進入六經。

言及六經的文本，會遇到今古文的問題。《周易》在秦代被當作卜筮書，没太受焚書影響，不存在很嚴重的今古文差别。但漢代今古文之爭既起，《易》也分了今古文。今文學有施讎、孟喜、梁丘賀、京房數家，古文則以民間傳習的費氏爲代表。今古文皆是十二篇，《漢志》稱："劉向以中古文《易經》校施、孟、梁丘經，或脱去'無咎''悔亡'，唯費氏經與古文同。"可見今古文《周易》文本在字數篇章上没有太大差别。但與其他經典相比，《周易》還與民間術數有關係，導致它在流傳過程中出現了許多異文。這不僅從《釋文》中可以看到，亦可從馬王堆帛書、阜陽簡等見到。而今古文《周易》更主要的差異在於經説上。今文學以孟喜、京房爲代表，以卦氣、災異説《易》；古文學以費直爲代表，以《十翼》解《易》。

漢代的《易經》是與《易傳》相分開的。《漢志》稱："《易經》十二篇，施、孟、梁丘三家。"顔注曰："上下《經》及《十翼》，故十二篇。"亦即《易經》兩篇，上經從乾、坤到坎、離，下經從咸、恒到既濟、未濟；《易傳》七種十篇，即所謂的《十翼》。其中的《彖傳》是解釋卦象和卦辭的，《大象傳》解釋上下兩體的卦象意義，《小象傳》解釋爻辭，《文言傳》更進一步解釋卦爻辭。有記載稱《十翼》中的《説卦》後出，或者認爲《雜卦》是後來加入的。但至少在西漢中期《十翼》已經完備。民間所傳費直《易》的一大特色就是以《十翼》解經，這個風氣對東漢產生了很大影響。《後漢書·儒林傳》謂："陳元、鄭衆皆傳費氏《易》，其後馬融亦爲其傳。融授鄭玄，玄作《易注》，荀爽又作《易傳》，自是費氏興，而京氏遂衰。"最初的費氏《易》學者僅僅是拿著《十翼》來解釋經文，但對讀的時候不太方便，到了鄭玄注釋《周易》的時候，就直接把《易傳》中的《彖傳》《象傳》拆分到《周易》每一卦的下面。具體的形態，就如今傳本《周易》的乾卦那樣。

整理説明

　　由《周易》的乾卦來看，每一卦的前半部分是完整的卦爻辭，後半部分是《易傳》。到了王弼注《易》的時候，又進一步把《易傳》的内容逐句地拆分到每一條卦辭和爻辭下面，這就是今傳本《周易》在坤卦以後的文本形式。王弼在乾卦的部分保留了鄭玄的形式，或許是爲了存古。相關的記載和論述，可參看《三國志·高貴鄉公紀》《周易正義》《講周易疏論家義記》。自此以後，《易經》與《易傳》相連的文本便通行開來，因爲它確實比較便利。到了宋代，一些學者如晁説之、吕祖謙、朱熹等努力恢復"古《周易》"，其中朱熹的《周易本義》最爲精審。然經傳相合的本子沿襲已久。科舉考試的《周易》一科，《周易》《程氏傳》與《周易本義》並行，刻書者往往遷就《程氏傳》。朱子的恢復努力還是抵擋不過習俗，元代以後人們習用的版本仍然是經傳相合的本子。

　　歷史上《周易》的注解十分繁多，其派別和流傳也很複雜，《四庫全書總目》所謂"兩派六宗"的説法並不能準確反映《易》學的實際源流。限於整理體例，此處不做具體討論。本次十三經古注整理，《周易》選定的是王弼《周易注》。王弼（公元226年至249年）是魏晉間正始玄學的代表人物，注釋了《老子》《周易》，皆成爲傳世名作，可惜英年早逝。在他稍前，官方《易》注爲鄭玄（或王肅），兖、豫地區傳荀爽之學，荆州地區有劉表、宋衷，孫吴有虞翻。這些學者的注釋雖然風格各異，但仍有一些共同特點，比如對於取象的追求。其方法包括互體、卦變、半象、爻體、納甲等。其中尤以虞翻爲最。我們説過，取象是解讀《周易》卦爻辭的關鍵，所以鄭玄、荀爽等人的解讀方式並無大問題。只是當把卦爻辭中的每一個字（甚至虛詞）都看作一個象，要去與卦爻象對應，便不免穿鑿附會。《王弼注》正是在這個背景下崛起的。他在《周易略例》中說："觸類可爲其象，合義可爲其徵。義苟在健，何必馬乎；類苟在順，何必牛乎。爻苟合順，何必坤乃爲牛；義苟應健，何必乾乃爲馬。"由此王弼提出了"得意忘象"的思路，一下子打開了《易》學詮釋的一個新世界，給人以"潦水盡而寒潭清"的感覺。漢《易》的取象基礎是八卦卦象（間或有六十四卦卦象），卦爻辭中的象要與之相對應；王弼的取象基礎則回到爻，用一種更抽象的方式來建立爻與卦爻辭之象的對應。這種方法影響很大，可以說整個東晉南北朝，《易》學的主流是王弼學。余嘉錫先生曾考察過，南北朝時期王弼注的勢力已經超過三分之二，只有河北學者才宗鄭玄。孔穎達說王弼注"獨冠古今"，良有以也。王弼本的《周易》，《彖傳》《象傳》已拆入六十四卦中，隨文注釋。但《繫辭傳》《說卦傳》《序卦傳》《雜卦傳》，王弼並無注。因其影響很大，東晉不少學者皆試圖賡續爲注，使成完璧。諸家之中，以殷浩的外甥韓康伯（公元332年至380年）所注精妙，得王弼之旨，故後來的刻本多採納韓注。

《王弼注》雖盛行，卻並非一統天下。東晉孫盛就曾著《易象妙于見形論》批評王弼"序浮義則麗辭溢目，造陰陽則妙賾無聞"。干寶、范甯亦有嚴厲抨擊。唐代孔穎達《周易正義》雖遵王、韓之學，卻有李鼎祚作《周易集解》，以"刊輔嗣之野文"。至於宋《易》興起，王弼受到的批評更大。到了清代，漢《易》大師惠棟甚至引宋人詩指責道："輔嗣《易》行無漢學。"但《周易》至今已沒有保存完整的漢注。《鄭玄注》在宋代亡佚，經過王應麟、惠棟、丁晏等人的輯佚拾補，所存不及三分之一。李鼎祚的《周易集解》雖然廣收漢注，卻也並收六朝、隋、唐注釋，屬於融會古今的著作；且没有進入官學的系統。由此，《周易注》方面，目前最完備、最有影響且自成體系的漢唐經注系統，仍然可以《王弼注》爲代表。《周易》本來就"爲道也屢遷"，没有一種固定的解釋路子。《王弼注》雖謗滿天下，亦譽滿天下。潘雨廷謂《王弼注》"得在免漢儒門户之爭，失在掃象"，可爲當評。況且其注文要言不煩、簡明曉暢，覽之令人悦懌。涵芬樓《四部叢刊》的十三經舊注，《周易》一經也採用了《王弼注》。故今仍選定它來進行點校。

王弼《周易注》目今存世最早的當是敦煌文獻中的一系列寫本，但殘缺不全、分佈零散。許建平教授在《敦煌經部文獻合集》中對此做了全面詳細的整理、校勘。其次是刻本系統，比較重要的早期刻本如下：

1. 南宋淳熙間撫州公使庫刻本，九卷，附《略例》一卷。半葉十行，行十六字，小字雙行二十四字，白口，四周雙邊。多次修版。存卷一至卷六，卷七以下配清抄宋本。現存國家圖書館。《四部叢刊》本即據此影印。

2. 南宋刻本，九卷，附《略例》一卷，半葉十二行，行二十四字，小字雙行同，白口，左右雙邊。此本爲天祿琳瑯舊藏，現藏國家圖書館。由於今存的撫州本《周易注》殘缺，又多修版，所以此本是現存《周易注》諸刻本中最好的。

3. 南宋初建陽坊刻附《釋文》本，十卷，以《周易略例》爲第十卷，《釋文》拆分附於注文後。此本經歷許多名家收藏，甚至被認爲是除了撫州本最好的版本。但實際上此版本出於坊刻，質量没有撫州本、元相臺本高，更不及天禄琳瑯所藏宋本，也不及八行注疏本。但畢竟殘存的宋本不多，此本仍有一定的校勘價值。《中華再造善本》叢書影印了此種。

4. 元相臺岳氏荆溪家塾刻本，九卷，附《略例》一卷，《釋文》拆分附於注文後。半葉十行，行十七字，小字雙行同，四周雙邊。此本刊刻比較精審。需要説明的是，後來乾隆間有武英殿仿刻相臺岳氏本九經，有不少臆改。阮元撰寫《十三經注疏校勘記》的時候，在援引"岳本"的時候用的就是武英殿仿刻本，在許多異文校記撰寫中爲此本所誤。

其他的明、清刻本，價值不大，今略去不做介紹。

除了經注本系統，還有幾種書保存了《周易注》：

一是注疏本系統。目前所存最善的《周易注疏》合刻本，當是兩浙東路茶鹽司所刻，半葉八行，行十九字，故通稱"八行注疏本"。此本目前存兩部，日本足利學所藏最完整，且屬於初刻；國家圖書館所藏缺卷首，陳鱣據他本補抄。其他的如十行本系統，錯誤較多。

二是魏了翁《周易要義》。此書共十卷，以整段節錄的形式摘取《周易注疏》的内容，以方便讀者學習，其摘抄的底本有可能是八行本（參考李霖：《宋本群經義疏的編校與刊印》，北京：中華書局，2019年，第195頁）。此書有宋淳祐十二年（公元1252年）魏克愚刊本，存卷一、二、七至十，共六卷，半葉九行，行十八字，白口，左右雙邊。《四部叢刊》曾影印此本。

本次點校，以《四部叢刊》影宋本爲底本，參校以敦煌寫本、國圖藏撫州公使庫本（後簡稱"撫州本"）、國家圖書館所藏天祿琳瑯舊藏宋本（後簡稱"天祿琳瑯本"）、國家圖書館所藏南宋建陽刻本（後簡稱"南宋建陽本"）、南宋八行注疏本、相臺岳氏荆溪家塾刻本（後簡稱"岳本"）、宋刻《周易要義》、普魯士國家圖書館藏宋嘉定本《周易集解》（後簡稱"宋本《周易集解》"）。還參考了山井鼎《七經孟子考文》、阮元《周易注疏校勘記》（文選樓本）、樓宇烈《王弼集校釋》的校勘記等。因爲此套叢書是爲了給大家一個確定性的讀本，點校者在校勘過程中遇到可以明確判定底本爲誤的異文，直接做出改動，再以校記的形式加以說明。本次整理過程中，于金鐸同學通校過全稿，特此致謝。

谷繼明

二〇一九年一月

整理凡例

一、《周易注》原書經注相間，根據本叢書體例，整理時重新排版。具體做法是：先列經文，王、韓注文以節後注方式列出。分節的原則，六十四卦部分以卦辭、《象傳》、《大象傳》爲一節，六爻爻辭、《小象傳》爲一節；《繫辭傳》以下部分按自然段分節出注文。

一、本書分卷，悉從底本。爲了讀者檢索便利，整理者在每卦前加上卦名標題。

一、工作底本（後簡稱"底本"）爲《四部叢刊》影印宋本。唯此影印本偶有描潤，故以影印所據之底本加以核對，即國家圖書館所藏南宋淳熙間撫州公使庫刻本（後簡稱"撫州本"）。

一、參校本有敦煌寫本、國家圖書館所藏天祿琳瑯舊藏宋本（後簡稱"天祿琳瑯本"）、國家圖書館所藏南宋建陽刻本（後簡稱"南宋建陽本"）、南宋八行注疏本、相臺岳氏荆溪家塾刻本（後簡稱"岳本"）、宋刻《周易要義》、普魯士國家圖書館藏宋嘉定本《周易集解》（後簡稱"宋本《周易集解》"）。校記以脚注形式列出。

一、爲盡可能地保留原本面貌，整理本保留底本中的異體字。但底本中明顯的訛字逕改，俗字一般改爲正字。

一、本書標點時，適當參考了樓宇烈《王弼集校釋》、北京大學出版社出版的繁體標點本《周易正義》。

周易上經乾傳第一

周易上經乾傳第一

王　弼　注

乾

☰ 乾下乾上

乾：元亨利貞。

初九：潛龍勿用。[一]

九二：見龍在田，利見大人。[二]

九三：君子終日乾乾，夕惕若厲，无咎。[三]

九四：或躍在淵，无咎。[四]

九五：飛龍在天，利見大人。[五]

上九：亢龍有悔。

用九：見群龍，无首，吉。[六]

[一] 文言備矣。

[二] 出潛離隱，故曰"見龍"；處於地上，故曰"在田"。德施周普，居中不偏，雖非君位，君之德也。初則不彰，三則"乾乾"，四則"或躍"，上則過亢。"利見大人"，唯二、五焉。

[三] 處下體之極，居上體之下，在不中之位，履重剛之險。上不在天，未可以安其尊也；下不在田，未可以寧其居也。純脩下道，則居上之德廢；純脩上道，則處下之禮曠。故"終日乾乾"，至於夕惕猶若厲也。居上不驕，在下不憂，因時而

惕，不失其幾，雖危而勞，可以无咎。處下卦之極，愈於上九之亢，故竭知力而後免於咎也。乾三以處下卦之上，故免亢龍之悔；坤三以處下卦之上，故免龍戰之災。

［四］去下體之極，居上體之下，乾道革之時也。上不在天，下不在田，中不在人，履重剛之險，而无定位所處，斯誠進退无常之時也。近乎尊位，欲進其道，迫乎在下，非躍所及；欲靜其居，居非所安。持疑猶豫〔一〕，未敢決志。用心存公，進不在私，疑以爲慮，不謬於果，故无咎也。

［五］不行不躍而在乎天，非飛如何？故曰"飛龍"也。龍德在天，則大人之路亨也。夫位以德興，德以位敘。以至德而處盛位，萬物之覩，不亦宜乎？

［六］九，天之德也。能用天德，乃見群龍之義焉。夫以剛健而居人之首，則物之所不與也；以柔順而爲不正〔二〕，則佞邪之道也。故乾吉在"无首"，坤利在"永貞"。

《彖》曰：大哉乾元！萬物資始，乃統天。雲行雨施，品物流形，大明終始，六位時成，時乘六龍以御天。乾道變化，各正性命。〔一〕保合大和，乃利貞。〔二〕首出庶物，萬國咸寧。〔三〕

［一］天也者，形之名也；健也者，用形者也。夫形也者，物之累也。有天之形而能永保无虧，爲物之首，統之者豈非至健哉！大明乎終始之道，故六位不失其時而成。升降无常，隨時而

〔一〕持疑猶豫 "豫"，撫州本、天祿琳瑯本同，岳本作"與"。《釋文》出"猶與"。
〔二〕以柔順而爲不正 據山井鼎《考文》，古本、足利本後有"之主"二字。

14

用：處則乘潛龍，出則乘飛龍，故曰"時乘六龍"也。乘變化而御大器，靜專動直，不失大和，豈非正性命之情者邪？

〔二〕不和而剛暴。

〔三〕萬國所以寧，各以有君也。

《象》曰：天行健，君子以自強不息。"潛龍勿用"，陽在下也。"見龍在田"，德施普也。"終日乾乾"，反復道也。[一] "或躍在淵"，進无咎也。"飛龍在天"，大人造也。"亢龍有悔"，盈不可久也。用九，天德不可爲首也。

〔一〕以上言之則不驕，以下言之則不憂，反復皆合道也〔一〕。

《文言》曰：元者善之長也，亨者嘉之會也，利者義之和也，貞者事之幹也。君子體仁足以長人，嘉會足以合禮，利物足以和義，貞固足以幹事。君子行此四德者，故曰："乾，元亨利貞。"

初九曰"潛龍勿用"，何謂也？子曰："龍德而隱者也。不易乎世，[一]不成乎名，遯世无悶，不見是而无悶。樂則行之，憂則違之，確乎其不可拔，潛龍也。"

〔一〕不爲世俗所移易也。

九二曰"見龍在田，利見大人"，何謂也？子曰："龍

─────────

〔一〕反復皆合道也　"合"，底本脱，今據天祿琳琅本、南宋建陽本、岳本、南宋八行注疏本補。

德而正中者也。庸言之信，庸行之謹，閑邪存其誠，善世而不伐，德博而化。《易》曰：'見龍在田，利見大人。'君德也。"

九三曰"君子終日乾乾，夕惕若厲，无咎"，何謂也？子曰："君子進德脩業。忠信所以進德也；脩辭立其誠，所以居業也。知至至之，可與幾也；知終終之，可與存義也。[一]是故居上位而不驕，在下位而不憂。[二]故乾乾因其時而惕，雖危无咎矣。"[三]

[一]處一體之極，是"至"也；居一卦之盡，是"終"也。處事之至而不犯咎，"知至"者也。故可與成務矣。處終而能全其終，"知終"者也。夫進物之速者，義不若利；存物之終者，利不及義。故"靡不有初，鮮克有終"。夫可與存義者，其唯知終者乎。

[二]居下體之上，在上體之下，明夫終敝，故不驕也。知夫至至，故不憂也。

[三]惕，怵惕之謂也。處事之極，失時則廢，懈怠則曠，故"因其時而惕，雖危无咎"。

九四曰"或躍在淵，无咎"，何謂也？子曰："上下无常，非爲邪也。進退无恒，非離群也。君子進德脩業，欲及時也，故无咎。"

九五曰"飛龍在天，利見大人"，何謂也？子曰："同聲相應，同氣相求。水流濕，火就燥，雲從龍，風從虎，聖人作而萬物覩，本乎天者親上，本乎地者親下，則各從其類也。"

上九曰"亢龍有悔",何謂也？子曰："貴而无位,高而无民。[一]賢人在下位而无輔,[二]是以動而有悔也。"[三]

[一] 下无陰也。

[二] 賢人雖在下而當位,不爲之助。

[三] 處上卦之極而不當位,故盡陳其闕也。獨立而動,物莫之與矣。《乾·文言》首不論"乾"而先説"元",下乃曰"乾",何也？夫"乾"者,統行四事者也。君子以自強不息,行此四者,故首不論"乾"而下曰"乾,元亨利貞"。餘爻皆説龍,至於九三獨以"君子"爲目,何也？夫易者象也。象之所生,生於義也。有斯義,然後明之以其物,故以龍敘"乾",以馬明"坤",隨其事義而取象焉。是故初九、九二,龍德皆應其義,故可論龍以明之也。至於九三"乾乾夕惕",非龍德也,明以君子當其象矣。統而舉之,乾體皆龍,別而敘之,各隨其義。

"潛龍勿用",下也。"見龍在田",時舍也。"終日乾乾",行事也。"或躍在淵",自試也。"飛龍在天",上治也。"亢龍有悔",窮之災也。乾元"用九",天下治也。[一]

[一] 此一章全以人事明之也。九,陽也。陽,剛直之物也。夫能全用剛直,放遠善柔,非天下至理,未之能也。故"乾元用九",則"天下治"也。夫識物之動,則其所以然之理,皆可知也。龍之爲德,不爲妄者也。潛而勿用,何乎？必窮處於下也。見而在田,必以時之通舍也。以爻爲人,以位爲時,人不妄動,則時皆可知也。文王明夷,則主可知矣；仲

尼旅人，則國可知矣。

"潛龍勿用"，陽氣潛藏。"見龍在田"，天下文明。"終日乾乾"，與時偕行。[一]"或躍在淵"，乾道乃革。"飛龍在天"，乃位乎天德。"亢龍有悔"，與時偕極。[二]"乾元用九"，乃見天則。[三]

[一] 與天時俱不息。
[二] 與時運俱終極。
[三] 此一章全説天氣以明之也。九，剛直之物，唯乾體能用之。用純剛以觀天，天則可見矣。

"乾元"者，始而亨者也。"利貞"者，性情也。[一]乾始能以美利利天下，不言所利，大矣哉！大哉乾乎，剛健中正，純粹精也；六爻發揮，旁通情也；時乘六龍，以御天也；雲行雨施，天下平也。

[一] 不爲乾元，何能通物之始；不性其情，何能久行其正？是故始而亨者，必乾元也；利而正者，必性情也。

君子以成德爲行，日可見之行也。潛之爲言也，隱而未見，行而未成，是以君子弗用也。
君子學以聚之，問以辯之，[一]寬以居之，仁以行之。《易》曰"見龍在田，利見大人"，君德也。

[一] 以君德而處下體，資納於物者也。

18

九三重剛而不中，上不在天，下不在田。故乾乾因其時而惕，雖危无咎矣。

九四重剛而不中，上不在天，下不在田，中不在人，故或之。或之者，疑之也，故无咎。

夫大人者，與天地合其德，與日月合其明，與四時合其序，與鬼神合其吉凶。先天而天弗違，後天而奉天時。天且弗違，而況於人乎？況於鬼神乎？

"亢"之爲言也，知進而不知退，知存而不知亡，知得而不知喪。其唯聖人乎，知進退存亡，而不失其正者，其唯聖人乎。

坤

☷ 坤下坤上

坤：元亨，利牝馬之貞。^[一]君子有攸往，先迷，後得主利。西南得朋，東北喪朋，安貞吉。^[二]

《彖》曰：至哉坤元！萬物資生，乃順承天，坤厚載物，德合无疆。含弘光大，品物咸亨。牝馬地類，行地无疆，^[三]柔順利貞。君子攸行，先迷失道，後順得常。"西南得朋"，乃與類行。"東北喪朋"，乃終有慶。"安貞"之吉，應地无疆。^[四]

《象》曰：地勢坤，^[五]君子以厚德載物。

[一] 坤貞之所利，利於牝馬也。馬，在下而行者也；而又牝焉，順之至也。至順而後乃亨，故唯利於牝馬之貞。

[二] 西南致養之地，與坤同道者也，故曰"得朋"。東北，反西南者也，故曰"喪朋"。陰之爲物，必離其黨，之於反類，而後獲安貞吉。

[三] 地之所以得无疆者，以卑順行之故也。乾以龍御天，坤以馬行地。

[四] 地也者，形之名也；坤也者，用地者也。夫兩雄必爭，二主必危，有地之形，與剛健爲耦，而能永保无疆，用之者不亦至順乎？若夫行之不以牝馬，利之不以永貞，方而又剛，柔而又圓，求安難矣。

[五] 地形不順，其勢順。

初六：履霜，堅冰至。^[一]

20

《象》曰:"履霜堅冰",陰始凝也。馴致其道,至"堅冰"也。

[一] 始於履霜,至於堅冰,所謂"至柔而動也剛"。陰之爲道,本於卑弱,而後積著者也,故取"履霜"以明其始;陽之爲物,非基於始以至於著者也,故以出處明之,則以初爲潛。

六二:直方大,不習无不利。[一]
《象》曰:六二之動,直以方也。[二]"不習无不利",地道光也。

[一] 居中得正,極於地質,任其自然而物自生,不假脩營而功自成,故不習焉而无不利。
[二] 動而直方,任其質也。

六三:含章可貞,或從王事,无成有終。[一]
《象》曰:"含章可貞",以時發也。"或從王事",知光大也。[二]

[一] 三處下卦之極,而不疑於陽,應斯義者也。不爲事始,須唱乃應,待命乃發,含美而可正者也,故曰"含章可貞"也。有事則從,不敢爲首,故曰"或從王事"也。不爲事主,順命而終,故曰"无成有終"也。
[二] 知慮光大,故不擅其美。

六四:括囊,无咎无譽。[一]
《象》曰:"括囊无咎",慎不害也。

21

[一] 處陰之卦，以陰居陰，履非中位，无"直方"之質；不造陽事，无"含章"之美。括結否閉，賢人乃隱。施慎則可，非泰之道。

六五：黃裳元吉。[一]
《象》曰："黃裳元吉"，文在中也。[二]

[一] 黃，中之色也；裳，下之飾也。坤爲臣道，美盡於下。夫體无剛健而能極物之情，通理者也。以柔順之德，處於盛位，任夫文理者也。垂黃裳以獲元吉，非用武者也。極陰之盛，不至疑陽，以文在中，美之至也。
[二] 用黃裳而獲元吉，以"文在中也"。

上六：龍戰于野，其血玄黃。[一]
《象》曰："龍戰于野"，其道窮也。

[一] 陰之爲道，卑順不盈，乃全其美。盛而不已，固陽之地，陽所不堪，故戰於野。

用六：利永貞。[一]
《象》曰：用六永貞，以大終也。[二]

[一] 用六之利，"利永貞"也。
[二] 能以永貞大終者也。

《文言》曰：坤至柔而動也剛，至靜而德方。[一]後得主而有常，含萬物而化光。坤道其順乎，承天而時行。

[一] 動之方正，不爲邪也；柔而又圓，消之道也。其德至靜，德必方也。

積善之家，必有餘慶；積不善之家，必有餘殃。臣弒其君，子弒其父，非一朝一夕之故，其所由來者漸矣，由辯之不早辯也。《易》曰"履霜堅冰至"，蓋言順也。

直其正也，方其義也。君子敬以直內，義以方外，敬義立而德不孤。"直方大，不習无不利"，則不疑其所行也。

陰雖有美，含之以從王事，弗敢成也。地道也，妻道也，臣道也。地道无成，而代有終也。

天地變化，草木蕃；天地閉，賢人隱。《易》曰"括囊无咎无譽"，蓋言謹也。

君子黃中通理，正位居體，美在其中，而暢於四支，發於事業，美之至也。

陰疑於陽必戰。[一] 爲其嫌於无陽也，[二] 故稱"龍"焉。猶未離其類也，[三] 故稱"血"焉。[四] 夫玄黃者天地之雜也，天玄而地黃。

[一] 辯之不早，疑盛乃動，故必戰。
[二] 爲其嫌於非陽而戰。
[三] 猶未失其陰類，爲陽所滅。
[四] 猶與陽戰而相傷，故稱血。

屯

☷ 震下坎上

屯：元亨，利貞。[一]勿用有攸往，[二]利建侯。[三]

《彖》曰：屯，剛柔始交而難生，動乎險中，大亨貞。[四]雷雨之動滿盈。[五]天造草昧，宜建侯而不寧。[六]

《象》曰：雲雷屯，君子以經綸。[七]

[一] 剛柔始交，是以"屯"也。不交則否，故屯乃大亨也。大亨則无險，故"利貞"。

[二] 往益屯也。

[三] 得主則定。

[四] 始於險難，至於大亨，而後全正，故曰"屯，元亨利貞"。

[五] 雷雨之動，乃得滿盈，皆剛柔始交之所爲。

[六] 屯體不寧，故利建侯也。屯者，天地造始之時也。造物之始，始於冥昧，故曰"草昧"也。處造始之時，所宜之善，莫善建侯也。

[七] 君子經綸之時。

初九：磐桓，利居貞，利建侯。[一]

《象》曰：雖"磐桓"，志行正也。[二]以貴下賤，大得民也。[三]

[一] 處屯之初，動則難生，不可以進，故磐桓也。處此時也，其利安在？不唯居貞建侯乎。夫息亂以靜，守靜以侯；安民在

正，弘正在謙。屯難之世，陰求於陽，弱求於強，民思其主之時也。初處其首，而又下焉。爻備斯義，宜其得民也。

［二］不可以進，故"磐桓"也。非爲宴安棄成務也，故"雖磐桓，志行正也"。

［三］陽貴而陰賤也。

六二：屯如邅如，乘馬班如，匪寇婚媾。女子貞不字，十年乃字。［一］

《象》曰：六二之難，乘剛也。十年乃字，反常也。

［一］志在乎五，不從於初。屯難之時，正道未行，與初相近而不相得，困於侵害，故屯邅也。時方屯難，正道未通，涉遠而行，難可以進，故曰"乘馬班如"也。寇，謂初也。无初之難，則與五婚矣，故曰"匪寇婚媾"也。志在於五，不從於初，故曰"女子貞不字"也。屯難之世，勢不過十年者也。十年則反常，反常則本志斯獲矣。故曰"十年乃字"。

六三：即鹿无虞，惟入于林中。君子幾不如舍，往吝。［一］

《象》曰："即鹿无虞"，以從禽也。君子舍之，往吝窮也。

［一］三既近五而无寇難，四雖比五，其志在初，不妨己路，可以進而无屯邅也。見路之易，不揆其志，五應在二，往必不納，何異无虞以從禽乎？雖見其禽而无其虞，徒入于林中，其可獲乎？幾，辭也。夫君子之動，豈取恨辱哉！故不如舍，往吝窮也。

六四：乘馬班如，求婚媾，往吉，无不利。[一]
《象》曰：求而往，明也。[二]

[一] 二雖比初，執貞不從，不害己志者也。求與合好，往必見納矣。故曰"往吉，无不利"。
[二] 見彼之情狀也。

九五：屯其膏，小貞吉，大貞凶。[一]
《象》曰："屯其膏"，施未光也。

[一] 處屯難之時，居尊位之上，不能恢弘博施，无物不與，拯濟微滯，亨於群小；而繫應在二，屯難其膏，非能光其施者也。固志同好，不容他間，小貞之吉，大貞之凶。

上六：乘馬班如，泣血漣如。[一]
《象》曰："泣血漣如"，何可長也？

[一] 處險難之極，下无應援，進无所適。雖比於五，五屯其膏，不與相得。居不獲安，行无所適，窮困闉厄，无所委仰，故泣血漣如。

蒙

☷ 坎下艮上

蒙：亨。匪我求童蒙，童蒙求我。初筮告，再三瀆，瀆則不告。[一] 利貞。[二]

《彖》曰：蒙，山下有險，險而止，蒙。[三] "蒙，亨"，以亨行時中也。[四] "匪我求童蒙，童蒙求我"，志應也。[五] 初筮告，以剛中也。[六] "再三瀆，瀆則不告"，瀆蒙也。蒙以養正，聖功也。

《象》曰：山下出泉，蒙。[七] 君子以果行育德。[八]

[一] 筮者決疑之物也。童蒙之來求我，欲決所惑也。決之不一，不知所從，則復惑也。故初筮則告，再、三則瀆，瀆蒙也。能為初筮，其唯二乎？以剛處中，能斷夫疑者也。

[二] 蒙之所利，乃利正也。夫明莫若聖，昧莫若蒙。蒙以養正，乃聖功也。然則養正以明，失其道矣。

[三] 退則困險，進則閡山，不知所適，蒙之義也。

[四] 時之所願，唯願亨也。以亨行之，得時中也。

[五] 我，謂非童蒙者也。非童蒙者，即陽也。凡不識者求問識者，識者不求所告；闇者求明，明者不諮於闇。故蒙之為義，"匪我求童蒙，童蒙求我"也。童蒙之來求我，志應故也。

[六] 謂二也。二為眾陰之主也，无剛決中，何由得初筮之告乎？

[七] 山下出泉，未知所適，蒙之象也。

〔八〕果行者，初筮之義也；育德者，養正之功也〔一〕。

初六：發蒙，利用刑人，用說桎梏，以往吝。[一]
《象》曰："利用刑人"，以正法也。[二]

〔一〕處蒙之初，二照其上，故蒙發也。蒙發疑明，刑說，當也。以往吝，刑不可長。
〔二〕刑人之道，道所惡也。以正法制，故刑人也。

九二：包蒙吉，納婦吉，子克家。[一]
《象》曰："子克家"，剛柔接也。

〔一〕以剛居中，童蒙所歸，包而不距，則遠近咸至，故"包蒙吉"也。婦者，配己而成德者也。體陽而能包蒙，以剛而能居中，以此納配，物莫不應，故"納婦吉"也。處于卦內，以剛接柔，親而得中，能幹其任，施之於子，克家之義。

六三：勿用取女。見金夫，不有躬，无攸利。[一]
《象》曰："勿用取女"，行不順也。

〔一〕童蒙之時，陰求於陽，晦求於明，各求發其昧者也。六三在下卦之上，上九在上卦之上，男女之義也。上不求三而三求上，女先求男者也。女之爲體，正行以待命者也。見剛夫而求之，故曰"不有躬"也。施之於女，行在不順，故"勿用

〔一〕養正之功也　岳本此句無二"也"字。

取女"，而"无攸利"。

六四：困蒙，吝。[一]
《象》曰："困蒙"之吝，獨遠實也。[二]

[一] 獨遠於陽，處兩陰之中，闇莫之發，故曰"困蒙"也。困於蒙昧，不能比賢以發其志，亦以鄙矣，故曰"吝"也。
[二] 陽稱實也。

六五：童蒙吉。[一]
《象》曰："童蒙"之吉，順以巽也。[二]

[一] 以夫陰質居於尊位，不自任察而委於二，付物以能，不勞聰明，功斯克矣，故曰"童蒙吉"。
[二] 委物以能，不先不爲，"順以巽也"。

上九：擊蒙，不利爲寇，利禦寇。[一]
《象》曰：利用禦寇，上下順也。

[一] 處蒙之終，以剛居上，能擊去童蒙，以發其昧者也，故曰"擊蒙"也。童蒙願發，而己能擊去之，合上下之願，故莫不順也。爲之扞禦，則物咸附之；若欲取之，則物咸叛矣。故"不利爲寇，利禦寇"也。

需

☰ 乾下坎上

需：有孚，光亨貞吉，利涉大川。

《彖》曰：需，須也，險在前也。剛健而不陷，其義不困窮矣。"需有孚，光亨貞吉"，位乎天位，以正中也。[一]"利涉大川"，往有功也。[二]

《象》曰：雲上於天，需。君子以飲食宴樂。[三]

[一] 謂五也。位乎天位，用其中正，以此待物，需道畢矣，故"光亨貞吉"。

[二] 乾德獲進，往輒亨也。

[三] 童蒙已發，盛德光亨，飲食宴樂，其在茲乎。

初九：需于郊，利用恒，无咎。[一]

《象》曰："需于郊"，不犯難行也。"利用恒无咎"，未失常也。

[一] 居需之時，最遠於難，能抑其進，以遠險待時，雖不應幾，可以保常也。

九二：需于沙，小有言，終吉。[一]

《象》曰："需于沙"，衍在中也。雖"小有言"，以吉終也。

[一] 轉近於難，故曰"需于沙"也。不至致寇，故曰"小有言"

也。近不逼難，遠不後時，履健居中，以待其會，雖"小有言"，以吉終也。

九三：需于泥，致寇至。[一]
《象》曰："需于泥"，災在外也。自我致寇，敬慎不敗也。

[一] 以剛逼難，欲進其道，所以招寇而致敵也。猶有須焉，不陷其剛。寇之來也，自我所招，敬慎防備，可以不敗。

六四：需于血，出自穴。[一]
《象》曰："需于血"，順以聽也。

[一] 凡稱血者，陰陽相傷者也。陰陽相近而不相得，陽欲進而陰塞之，則相害也。穴者，陰之路也。處坎之始，居穴者也。九三剛進，四不能距，見侵則辟，順以聽命者也，故曰"需于血，出自穴"也。

九五：需于酒食，貞吉。[一]
《象》曰："酒食貞吉"，以中正也。

[一] 需之所須，以待達也。已得天位，暢其中正，无所復須，故酒食而已，獲貞吉也。

上六：入于穴，有不速之客三人來，敬之，終吉。[一]
《象》曰：不速之客來，敬之終吉。雖不當位，未大

失也。[二]

[一] 六四所以"出自穴"者,以不與三相得而塞其路,不辟則害,故不得不"出自穴"而辟之也。至於上六,處卦之終,非塞路者也。與三爲應,三來之己,乃爲己援,故无畏害之辟,而乃有入穴之固也。三陽所以不敢進者,須難之終也。難終則至,不待召也。己居難終,故自來也。處无位之地,以一陰而爲三陽之主,故必敬之而後終吉。

[二] 處无位之地,不當位者也。敬之則得終吉,故雖不當位,未大失也。

訟

☲ 坎下乾上

訟：有孚，窒惕，中吉，[一] 終凶。利見大人，不利涉大川。

《彖》曰：訟，上剛下險，險而健，訟。"訟有孚，窒惕中吉"，剛來而得中也。"終凶"，訟不可成也。"利見大人"，尚中正也。"不利涉大川"，入于淵也。[二]

《象》曰：天與水違行，訟。君子以作事謀始。[三]

[一] 窒，謂窒塞也。皆惕[一]，然後可以獲中吉。

[二] 凡不和而訟，无施而可，涉難特甚焉。唯有信而見塞懼者，乃可以得吉也。猶復不可終，中乃吉也。不閉其源，使訟不至；雖每不枉，而訟至終竟，此亦凶矣。故雖復有信而見塞懼，猶不可以爲終也。故曰"訟有孚，窒惕中吉，終凶"也。无善聽者，雖有其實，何由得明？而令有信塞懼者得其"中吉"，必有善聽之主焉，其在二乎，以剛而來，正夫群小，斷不失中，應斯任也。

〔一〕皆惕 "皆"，敦煌本（伯二六一六）、天祿琳瑯本、南宋建陽本、南宋八行注疏本、岳本皆同。阮元《校勘記》謂："宋本、閩本同。岳本、監本、毛本'皆'作'能'。古本作'皆'，下有'也'字。"按：今岳本作"皆"，阮所謂岳本，實據武英殿翻刻，翻刻本臆改作"能"。故阮元《校勘記》並無版本依據。而觀疏文"必有信實，被物止塞，而能惕，中道而止，乃得吉也"，則似孔所見本作"能"。又《釋文》謂："王注或在'惕'字上，或在下，皆通。在'中吉'下者非。'有孚窒'一句，'惕中吉'一句。"今按王注下文謂"有信而見塞懼"，則窒惕連讀，且注文"然後可以獲中吉"，宜置於"中吉"後。故宋本皆與《釋文》不同。

［三］"聽訟，吾猶人也。必也使无訟乎？"无訟在於謀始，謀始在於作制。契之不明，訟之所以生也。物有其分，職不相濫，爭何由興。訟之所以起，契之過也。故有德司契，而不責於人。

初六：不永所事，小有言，終吉。［一］

《象》曰："不永所事"，訟不可長也。雖"小有言"，其辯明也。

［一］處訟之始，訟不可終，故不永所事，然後乃吉。凡陽唱而陰和，陰非先唱者也。四召而應，見犯乃訟。處訟之始，不爲訟先，雖不能不訟，而了訟必辯明也。

九二：不克訟，歸而逋其邑。人三百戶，无眚。［一］

《象》曰："不克訟"，歸逋竄也。自下訟上，患至掇也。

［一］以剛處訟，不能下物。自下訟上，宜其不克。若能以懼歸竄其邑，乃可以免災。邑過三百，非爲竄也。竄而據強，災未免也。

六三：食舊德，貞厲，終吉。或從王事，无成。［一］

《象》曰："食舊德"，從上吉也。

［一］體夫柔弱，以順於上，不爲九二自下訟上，不見侵奪，保全其有，故得食其舊德而不失也。居爭訟之時，處兩剛之間，而皆近不相得，故曰"貞厲"。柔體不爭，繫應在上，衆莫能傾，故曰"終吉"。上壯爭勝，難可忤也，故或從王事，

不敢成也。

九四：不克訟。[一]復即命，渝，安貞，吉。[二]
《象》曰："復即命渝"，安貞不失也。

[一] 初辯明也。
[二] 處上訟下，可以改變者也，故其咎不大。若能反從本理，變前之命，安貞不犯，不失其道，爲仁由己，故吉從之。

九五：訟，元吉。[一]
《象》曰："訟，元吉"，以中正也。

[一] 處得尊位，爲訟之主，用其中正以斷枉直，中則不過，正則不邪，剛无所溺，公无所偏，故"訟元吉"。

上九：或錫之鞶帶，終朝三褫之。[一]
《象》曰：以訟受服，亦不足敬也。

[一] 處訟之極，以剛居上，訟而得勝者也。以訟受錫，榮何可保。故終朝之間，褫帶者三也。

師

☷ 坎下坤上

師：貞，丈人，吉，无咎。[一]

《彖》曰：師，衆也。貞，正也。能以衆正，可以王矣。剛中而應，行險而順，以此毒天下而民從之，吉又何咎矣。[二]

《象》曰：地中有水，師。君子以容民畜衆。

[一] 丈人，嚴莊之稱也。爲師之正，丈人乃吉也。興役動衆，无功，罪也，故吉乃无咎也。

[二] 毒，猶役也。

初六：師出以律，否臧，凶。[一]

《象》曰："師出以律"，失律凶也。

[一] 爲師之始，齊師者也。齊衆以律，失律則散，故"師出以律"。律不可失。失律而臧，何異於否？失令有功，法所不赦。故師出不以律，否臧皆凶。

九二：在師中，吉，无咎，王三錫命。[一]

《象》曰："在師中吉"，承天寵也。"王三錫命"，懷萬邦也。

[一] 以剛居中，而應於上，在師而得中者也。承上之寵，爲師之主，任大役重，无功則凶，故吉乃无咎也。行師得吉，莫善

懷邦，邦懷衆服，錫莫重焉，故乃得成命。

六三：師或輿尸，凶。[一]
《象》曰："師或輿尸"，大无功也。

[一] 以陰處陽，以柔乘剛，進則无應，退无所守，以此用師，宜獲"輿尸"之凶。

六四：師左次，无咎。[一]
《象》曰："左次无咎"，未失常也。[二]

[一] 得位而无應，无應不可以行。得位則可以處，故左次之，而无咎也。行師之法，欲右背高，故左次之。
[二] 雖不能有獲，足以不失其常也。

六五：田有禽，利執言，无咎。長子帥師，弟子輿尸，貞凶。[一]
《象》曰："長子帥師"，以中行也。"弟子輿尸"，使不當也。

[一] 處師之時，柔得尊位，陰不先唱，柔不犯物，犯而後應，往必得直，故"田有禽"也。物先犯己，故可以執言而无咎也。柔非軍帥，陰非剛武，故不躬行，必以授也。授不得主，則衆不從，故"長子帥師"可也。弟子之凶，固其宜也。

上六：大君有命，開國承家，小人勿用。[一]

《象》曰:"大君有命",以正功也。"小人勿用",必亂邦也。

[一] 處師之極,師之終也。大君之命,不失功也。開國承家,以寧邦也。小人勿用,非其道也。

比

☷ 坤下坎上

比：吉，原筮，元永貞，无咎。不寧方來，後夫凶。

《彖》曰：比，吉也。比，輔也，下順從也。"原筮，元永貞，无咎"，以剛中也。[一]"不寧方來"，上下應也。[二]"後夫凶"，其道窮也。[三]

《象》曰：地上有水，比。先王以建萬國，親諸侯。[四]

[一] 處比之時，將原筮以求无咎，其唯元永貞乎。夫群黨相比，而不以元永貞，則凶邪之道也。若不遇其主，則雖永貞而猶未足免於咎也。使永貞而无咎者，其唯九五乎。

[二] 上下无陽以分其民，五獨處尊，莫不歸之。上下應之，既親且安。安，則不安者託焉，故不寧方所以來，上下應故也。夫无者求有，有者不求所與；危者求安，安者不求所保。火有其炎，寒者附之。故己苟安焉，則不寧方來矣[一]。

[三] 將合和親而獨在後，親成則誅，是以凶也。

[四] 萬國以比建，諸侯以比親。

初六：有孚比之，无咎。有孚盈缶。終來，有它吉。[一]

《象》曰：比之初六，有它吉也。

[一] 處比之始，爲比之首者也。夫以不信爲比之首，則禍莫大

〔一〕則不寧方來矣　天祿琳瑯本同，岳本作"不寧之方皆來矣"。

焉，故必有孚盈缶，然後乃得免比之咎，故曰"有孚比之，无咎"也。處比之首，應不在一，心无私吝，則莫不比之。著信立誠，盈溢乎質素之器，則物終來无衰竭也。親乎天下，著信盈缶，應者豈一道而來？故必有它吉也。

六二：比之自內，貞吉。[一]
《象》曰："比之自內"，不自失也。

[一] 處比之時，居中得位，而繫應在五，不能來它，故得其自內貞吉而已。

六三：比之匪人。[一]
《象》曰："比之匪人"，不亦傷乎！

[一] 四自外比，二爲五貞，近不相得，遠則无應，所與比者，皆非己親，故曰"比之匪人"。

六四：外比之，貞吉。[一]
《象》曰：外比於賢，以從上也。

[一] 外比於五，履得其位，比不失賢，處不失位，故貞吉也。

九五：顯比。王用三驅，失前禽。邑人不誡，吉。[一]
《象》曰："顯比"之吉，位正中也。舍逆取順，失前禽也。"邑人不誡"，上使中也。

［一］爲比之主，而有應在二，顯比者也。比而顯之，則所親者狹矣。夫无私於物，唯賢是與，則去之與來，皆无失也。夫三驅之禮，禽逆來趣己則舍之，背己而走則射之，愛於來而惡於去也，故其所施，常失前禽也。以顯比而居王位，用三驅之道者也，故曰"王用三驅，失前禽"也。用其中正，征討有常，伐不加邑，動必討叛，邑人无虞，故不誡也。雖不得乎大人之吉，是"顯比"之吉也。此可以爲上之使，非爲上之道。

上六：比之无首，凶。［一］
《象》曰："比之无首"，无所終也。

［一］无首，後也，處卦之終，是後夫也。親道已成，无所與終，爲時所棄，宜其凶也。

小　畜

☰ 乾下巽上

小畜：亨。[一]密雲不雨，自我西郊。

《彖》曰：小畜，柔得位而上下應之，曰"小畜"。[二]健而巽，剛中而志行，乃亨。"密雲不雨"，尚往也。"自我西郊"，施未行也。[三]

《象》曰：風行天上，小畜。君子以懿文德。[四]

[一] 不能畜大止健，剛志故行，是以亨。

[二] 謂六四也。成卦之義，在此爻也。體无二陰以分其應，故上下應之也。既得其位，而上下應之，三不能陵，小畜之義。

[三] 小畜之勢，足作密雲；乃自我西郊，未足以爲雨也。何由知未能爲雨？夫能爲雨者，陽上薄陰，陰能固之，然後烝而爲雨。今不能制初九之"復道"，固九二之"牽復"，九三更以不能復爲劣也。下方尚往，施豈得行。故密雲而不能爲雨，尚往故也。何以明之？夫陰能固之，然後乃雨乎。上九獨能固九三之路，故九三不可以進而"輿說輻"也；能固其路而安於上，故得"既雨既處"。若四、五皆能若上九之善畜，則能雨明矣。故舉一卦而論之，能爲小畜密雲而已。陰苟不足以固陽，則雖復至盛，密雲自我西郊，故不能雨也。雨之未下，即施之未行也。彖全論一卦之體，故曰"密雲不雨"；象各言一爻之德，故曰"既雨既處"也。

[四] 未能行其施者，故可以懿文德而已。

初九：復自道，何其咎？吉。[一]
《象》曰："復自道"，其義吉也。

[一] 處乾之始，以升巽初。四爲己應，不距己者也。以陽升陰，復自其道，順而无違，何所犯咎，得義之吉。

九二：牽復，吉。[一]
《象》曰："牽復"在中，亦不自失也。

[一] 處乾之中，以升巽五。五非畜極，非固己者也。雖不能若陰之不違，可牽以獲復，是以吉也。

九三：輿説輻，夫妻反目。[一]
《象》曰："夫妻反目"，不能正室也。

[一] 上爲畜盛，不可牽征。以斯而進，故必説輻也。己爲陽極，上爲陰長，畜於陰長，不能自復，方之夫妻，反目之義也。

六四：有孚，血去惕出，无咎。[一]
《象》曰：有孚惕出，上合志也。

[一] 夫言"血"者，陽犯陰也。四乘於三，近不相得，三務於進，而己隔之，將懼侵克者也。上亦惡三，而能制焉。志與上合，共同斯誠，三雖逼己，而不能犯，故得血去懼除，保"无咎"也。

九五：有孚攣如，富以其鄰。[一]

《象》曰："有孚攣如"，不獨富也。

[一] 處得尊位，不疑於二，來而不距。二牽己攣，不爲專固，"有孚攣如"之謂也。以陽居陽，處實者也。居盛處實而不專固，"富以其鄰"者也。

上九：既雨既處，尚德載，婦貞厲，月幾望，君子征凶。[一]

《象》曰："既雨既處"，德積載也。"君子征凶"，有所疑也。[二]

[一] 處小畜之極，能畜者也。陽不獲亨，故"既雨"也。剛不能侵，故"既處"也。體巽處上，剛不敢犯，"尚德"者也。爲陰之長，能畜剛健，德積載者也。婦制其夫，臣制其君，雖貞近危，故曰"婦貞厲"也。陰之盈盛，莫盛於此，故曰"月幾望"也。滿而又進，必失其道；陰疑於陽，必見戰伐。雖復君子，以征必凶，故曰"君子征凶"。

[二] 夫處下可以征而无咎者，唯泰也則然。坤本體下，又順而弱，不能敵剛，故可以全其類，征而吉也。自此以往，則其進各有難矣。夫巽雖不能若艮之善畜，猶不肯爲坤之順從也，故可得少進，不可盡陵也。是以初九、九二，其復則可；至於九三，則"輿說輻"也。夫大畜者，畜之極也。畜而不已，畜極則通，是以其畜之盛在於四、五，至於上九，道乃大行。小畜積極而後乃能畜，是以四、五可以進，而上九說征之輻。

履

☰ 兌下乾上

履虎尾，不咥人，亨。

《彖》曰：履，柔履剛也。說而應乎乾，是以"履虎尾，不咥人，亨"。[一]剛中正，履帝位而不疚，光明也。[二]

《象》曰：上天下澤，履。君子以辯上下，定民志。

[一] 凡彖者，言乎一卦之所以爲主也。成卦之體在六三也。履虎尾者，言其危也。三爲履主，以柔履剛，履危者也。履虎尾而不見咥者，以其說而應乎乾也。乾，剛正之德者也。不以說行夫佞邪，而以說應乎乾，宜其履虎尾不見咥而亨。

[二] 言五之德。

初九：素履往，无咎。[一]
《象》曰：素履之往，獨行願也。

[一] 處履之初，爲履之始，履道惡華，故素乃无咎。處履以素，何往不從。必獨行其願，物无犯也。

九二：履道坦坦，幽人貞吉。[一]
象曰："幽人貞吉"，中不自亂也。

[一] 履道尚謙，不喜處盈，務在致誠，惡夫外飾者也。而二以陽處陰，履於謙也；居內履中，隱顯同也。履道之美，於斯爲

盛。故履道坦坦，无險厄也；在幽而貞，宜其吉〔一〕。

六三：眇能視，跛能履。履虎尾，咥人凶。武人爲于大君。〔一〕

《象》曰："眇能視"，不足以有明也；"跛能履"，不足以與行也。"咥人"之凶，位不當也；"武人爲于大君"，志剛也。

〔一〕居履之時，以陽處陽，猶曰不謙；而況以陰居陽，以柔乘剛者乎。故以此爲明，眇目者也；以此爲行，跛足者也；以此履危，見咥者也。志在剛健，不脩所履，欲以陵武於人，爲于大君。行未能免於凶，而志存於王〔二〕，頑之甚也。

九四：履虎尾，愬愬，終吉。〔一〕
《象》曰："愬愬終吉"，志行也。

〔一〕逼近至尊，以陽乘陽，處多懼之地，故曰"履虎尾，愬愬"也。然以陽居陰，以謙爲本，雖處危懼，終獲其志，故"終吉"也。

九五：夬履，貞厲。〔一〕
《象》曰："夬履，貞厲"，位正當也。

〔一〕宜其吉　岳本句末有"也"字。敦煌本（伯二六一六）作"之也"。
〔二〕而志存於王　"王"，撫州本、南宋八行注疏本、岳本同（武英殿仿刻岳本作"五"），敦煌本（伯二六一六）、天祿琳瑯本、南宋建陽本作"五"。據孔疏"以六三之微，欲行九五之志，頑愚之甚"，則當作"五"。

[一] 得位處尊，以剛決正，故曰"夬履貞厲"也。履道惡盈，而五處實，是以危。

上九：視履考祥，其旋元吉。[一]
《象》曰："元吉"在上，大有慶也。

[一] 禍福之祥，生乎所履。處履之極，履道成矣，故可視履而考祥也。居極應說，高而不危，是其旋也。履道大成，故"元吉"也。

周易上經泰傳第二

周易上經泰傳第二

王弼 注

泰

䷊ 乾下坤上

泰：小往大來，吉亨。

《彖》曰："泰，小往大來，吉亨"，則是天地交而萬物通也，上下交而其志同也。內陽而外陰，內健而外順，內君子而外小人。君子道長，小人道消也。

《象》曰：天地交，泰。后以財成天地之道，輔相天地之宜，以左右民。[一]

［一］泰者，物大通之時也。上下大通，則物失其節，故財成而輔相，以左右民也。

初九：拔茅茹，以其彙征吉。[一]
《象》曰：拔茅征吉，志在外也。

［一］茅之爲物，拔其根而相牽引者也。茹，相牽引之貌也。三陽同志，俱志在外，初爲類首，己舉則從，若茅茹也。上順而應，不爲違距，進皆得志，故以其類征吉。

九二：包荒，用馮河，不遐遺，朋亡。得尚于中行。[一]

《象》曰："包荒"，"得尚于中行"，以光大也。

[一] 體健居中而用乎泰，能包含荒穢，受納馮河者也。用心弘大，无所遐棄，故曰"不遐遺"也。无私无偏，存乎光大，故曰"朋亡"也。如此乃可以"得尚于中行"。尚，猶配也。中行，謂五。

九三：无平不陂，无往不復。艱貞无咎。勿恤其孚，于食有福。[一]

《象》曰："无往不復"，天地際也。[二]

[一] 乾本上也，坤本下也，而得泰者，降與升也。而三處天地之際，將復其所處。復其所處，則上守其尊，下守其卑，是故无往而不復也，无平而不陂也。處天地之將閉，平路之將陂，時將大變，世將大革，而居不失其正，動不失其應，艱而能貞，不失其義，故无咎也。信義誠著，故不恤其孚而自明也，故曰"勿恤其孚，于食有福"也。

[二] 天地將各分復之際。

六四：翩翩，不富以其鄰。不戒以孚。[一]

《象》曰："翩翩不富"，皆失實也。"不戒以孚"，中心願也。

[一] 乾樂上復，坤樂下復。四處坤首，不固所居，見命則退，故曰"翩翩"也。坤爻皆樂下，己退則從，故不待富而用其鄰

也。莫不與己同其志願，故不待戒而自孚也。

六五：帝乙歸妹，以祉，元吉。[一]
《象》曰："以祉元吉"，中以行願也。

[一] 婦人謂嫁曰歸。泰者，陰陽交通之時也。女處尊位，履中居順，降身應二，感以相與，用中行願，不失其禮。帝乙歸妹，誠合斯義。履順居中，行願以祉，盡夫陰陽交配之宜，故元吉也。

上六：城復于隍，勿用師。自邑告命，貞吝。[一]
《象》曰："城復于隍"，其命亂也。

[一] 居泰上極，各反所應，泰道將滅，上下不交，卑不上承，尊不下施，是故"城復于隍"，卑道崩也。"勿用師"，不煩攻也。"自邑告命，貞吝"，否道已成，命不行也。

否

☷ 坤下乾上

否之匪人，不利君子貞。大往小來。

《彖》曰："否之匪人，不利君子貞，大往小來"，則是天地不交，而萬物不通也；上下不交，而天下无邦也。內陰而外陽，內柔而外剛，內小人而外君子，小人道長，君子道消也。

《象》曰：天地不交，否。君子以儉德辟難，不可榮以祿。

初六：拔茅茹，以其彙，貞，吉亨。[一]
《象》曰：拔茅貞吉，志在君也。[二]

[一] 居否之初，處順之始，爲類之首者也。順非健也，何可以征。居否之時，動則入邪，三陰同道，皆不可進。故茅茹以類〔一〕，貞而不諂，則吉亨。

[二] 志在於君，故不苟進。

六二：包承，小人吉，大人否，亨。[一]
《象》曰："大人否亨"，不亂群也。

[一] 居否之世，而得其位，用其至順，包承於上。小人路通，內柔外剛，大人否之，其道乃亨。

〔一〕 故茅茹以類　天祿琳瑯本、岳本、古本、足利本"茅茹"前有"拔"字。

六三：包羞。[一]

《象》曰："包羞"，位不當也。

[一] 俱用小道以承其上，而位不當，所以"包羞"也。

九四：有命无咎，疇離祉。[一]

《象》曰："有命无咎"，志行也。

[一] 夫處否而不可以有命者，以所應者小人也。有命於小人，則消君子之道者也。今初志在君，處乎窮下，故可以有命无咎而疇麗福也。疇，謂初也。

九五：休否，大人吉。其亡其亡，繫于苞桑。[一]

《象》曰：大人之吉，位正當也。

[一] 居尊當位，能休否道者也。施否於小人，否之休也。唯大人而後能然，故曰"大人吉"也。處君子道消之時，己居尊位，何可以安？故心存將危，乃得固也。

上九：傾否，先否後喜。[一]

《象》曰：否終則傾，何可長也？

[一] 先傾後通，故後喜也。始以傾爲否，後得通乃喜。

同　人

☰ 離下乾上

同人于野，亨，利涉大川，利君子貞。

《彖》曰：同人，柔得位得中而應乎乾，曰同人。[一]《同人》曰"同人于野，亨，利涉大川"，乾行也。[二]文明以健，中正而應，君子正也。[三]唯君子爲能通天下之志。[四]

《象》曰：天與火，同人。[五]君子以類族辨物。[六]

[一] 二爲同人之主。
[二] 所以乃能"同人于野，亨，利涉大川"，非二之所能也，是乾之所行，故特曰"同人曰"。
[三] 行健不以武，而以文明用之；相應不以邪，而以中正應之，君子正也，故曰"利君子貞"。
[四] 君子以文明爲德。
[五] 天體於上，而火炎上，同人之義也。
[六] 君子小人，各得所同。

初九：同人于門，无咎。[一]
《象》曰：出門同人，又誰咎也。

[一] 居同人之始，爲同人之首者也。无應於上，心无係吝，通夫大同，出門皆同，故曰"同人于門"也。出門同人，誰與爲咎。

六二：同人于宗，吝。[一]

《象》曰："同人于宗"，吝道也。

[一] 應在乎五，唯同於主，過主則否。用心褊狹，鄙吝之道。

九三：伏戎于莽，升其高陵，三歲不興。[一]
《象》曰："伏戎于莽"，敵剛也。"三歲不興"，安行也。[二]

[一] 居同人之際，履下卦之極，不能包弘上下，通夫大同。物黨相分，欲乖其道，貪於所比，據上之應。其敵剛健，非力所當。故"伏戎于莽"，不敢顯亢也。"升其高陵"，望不敢進。量斯勢也，三歲不能興者也。三歲不能興，則五道亦以成矣，安所行焉。

[二] 安，辭也。

九四：乘其墉，弗克攻，吉。[一]
《象》曰："乘其墉"，義弗克也。其吉，則困而反則也。

[一] 處上攻下，力能乘墉者也。履非其位，以與人爭。二自五應，三非犯己。攻三求二，尤而效之，違義傷理，眾所不與，故雖乘墉而不克也。不克則反，反則得吉也。不克乃反，其所以得吉，困而反則者也。

九五：同人先號咷而後笑，大師克，相遇。[一]
《象》曰：同人之先，以中直也。大師相遇，言相克也。

[一] 《彖》曰："柔得位得中而應乎乾，曰同人。"然則體柔居中，

衆之所與；執剛用直，衆所未從。故近隔乎二剛，未獲厥志，是以先號咷也；居中處尊，戰必克勝，故後笑也。不能使物自歸而用其強直，故必須大師克之，然後相遇也。

上九：同人于郊，无悔。[一]
《象》曰："同人于郊"，志未得也。[二]

[一] 郊者，外之極也。處同人之時，最在於外，不獲同志，而遠於内爭，故雖无悔吝，亦未得其志。
[二] 凡處同人而不泰焉，則必用師矣。不能大通，則各私其黨而求利焉。楚人亡弓，不能亡楚。愛國愈甚，益爲它災。是以同人不弘，剛健之爻，皆至用師也。

大　有

☰ 乾下離上

大有：元亨。[一]

《彖》曰：大有，柔得尊位大中，而上下應之，曰大有。[二] 其德剛健而文明，應乎天而時行，是以"元亨"。[三]

《象》曰：火在天上，大有。君子以遏惡揚善，順天休命。[四]

[一] 不大通，何由得大有乎？大有則必元亨矣。

[二] 處尊以柔，居中以大，體无二陰以分其應，上下應之，靡所不納，大有之義也。

[三] 德應於天，則行不失時矣。剛健不滯，文明不犯，應天則大，時行无違，是以"元亨"。

[四] 大有，包容之象也。故遏惡揚善，成物之美；順夫天德，休物之命。

初九：无交，害。匪咎，艱則无咎。[一]

《象》曰：大有初九，无交害也。

[一] 以夫剛健爲大有之始，不能履中，滿而不溢。術斯以往，後害必至；其欲匪咎，艱則无咎也。

九二：大車以載，[一] 有攸往，无咎。[二]

《象》曰："大車以載"，積中不敗也。

［一］任重而不危。

［二］健不違中,爲五所任,任重不危,致遠不泥,故可以往而"无咎"也。

九三:公用亨于天子,小人弗克。[一]

《象》曰:"公用亨于天子",小人害也。

［一］處大有之時,居下體之極,乘剛健之上,而履得其位,與五同功。威權之盛,莫此過焉。公用斯位,乃得通乎天子之道也。小人不克,害可待也。

九四:匪其彭,无咎。[一]

《象》曰:"匪其彭,无咎",明辯晢也。[二]

［一］既失其位,而上近至尊之威,下比分權之臣,其爲懼也,可謂危矣。唯夫有聖知者,乃能免斯咎也。三雖至盛,五不可舍,能辯斯數,專心承五,常匪其旁,則"无咎"矣。旁,謂三也。

［二］明猶才也。

六五:厥孚交如,威如,吉。[一]

《象》曰:"厥孚交如",信以發志也。"威如"之吉,易而无備也。

［一］居尊以柔,處大以中,无私於物,上下應之,信以發志,故其孚交如也。夫不私於物,物亦公焉;不疑於物,物亦誠

焉。既公且信，何難何備；不言而教行，何爲而不威如。爲大有之主，而不以此道，吉可得乎。

上九：自天祐之，吉无不利。[一]
《象》曰：大有上吉，自天祐也。

[一] 大有，豐富之世也。處大有之上而不累於位，志尚乎賢者也。餘爻皆乘剛，而己獨乘柔順也。五爲信德，而己履焉，履信之謂也。雖不能體柔，而以剛乘柔，思順之義也。居豐有之世，而不以物累其心，高尚其志，尚賢者也。爻有三德，盡夫助道，故《繫辭》具焉。

謙

☷ 艮下坤上

謙：亨，君子有終。

《彖》曰：謙，亨。天道下濟而光明，地道卑而上行。天道虧盈而益謙，地道變盈而流謙，鬼神害盈而福謙，人道惡盈而好謙。謙尊而光，卑而不可踰，君子之終也。

《象》曰：地中有山，謙。君子以裒多益寡，稱物平施。[一]

[一] 多者用謙以為裒，少者用謙以為益，隨物而與，施不失平也。

初六：謙謙君子，用涉大川，吉。[一]
《象》曰："謙謙君子"，卑以自牧也。[二]

[一] 處謙之下，謙之謙者也。能體謙謙，其唯君子。用涉大難，物无害也。
[二] 牧，養也。

六二：鳴謙，貞吉。[一]
《象》曰："鳴謙貞吉"，中心得也。

[一] 鳴者，聲名聞之謂也。得位居中，謙而正焉。

九三：勞謙君子，有終，吉。[一]
《象》曰："勞謙君子"，萬民服也。

［一］處下體之極，履得其位，上下无陽以分其民，衆陰所宗，尊莫先焉。居謙之世，何可安尊，上承下接〔一〕，勞謙匪解，是以吉也。

六四：无不利，撝謙。［一］
《象》曰："无不利，撝謙"，不違則也。

［一］處三之上，而用謙焉，則是自上下下之義也；承五而用謙順，則是上行之道也。盡乎奉上下下之道，故无不利。指撝皆謙，不違則也。

六五：不富以其鄰，利用侵伐，无不利。［一］
《象》曰："利用侵伐"，征不服也。

［一］居於尊位，用謙與順，故能不富而用其鄰也。以謙順而侵伐，所伐皆驕逆也。

上六：鳴謙。利用行師，征邑國。［一］
《象》曰："鳴謙"，志未得也。可用行師，征邑國也。［二］

［一］最處於外，不與内政，故有名而已，志功未得也。處外而履謙順，可以征邑國而已。
［二］夫吉凶悔吝，生乎動者也。動之所起，興於利者也。故飲食必有訟，訟必有衆起，未有居衆人之所惡而爲動者所害，處

────────
〔一〕 上承下接 "接"，天禄琳瑯本、岳本、南宋建陽本、南宋八行注疏本皆作"綏"，而宋刊單疏本所引同底本作"接"。

不競之地而爲爭者所奪。是以六爻雖有失位、无應、乘剛，而皆无凶咎悔吝者，以謙爲主也。"謙尊而光，卑而不可踰"，信矣哉！

豫

☷ 坤下震上

豫：利建侯行師。

《彖》曰：豫，剛應而志行，順以動，豫。豫順以動，故天地如之，而況"建侯行師"乎？天地以順動，故日月不過，而四時不忒；聖人以順動，則刑罰清而民服。豫之時義大矣哉！

《象》曰：雷出地奮，豫。先王以作樂崇德，殷薦之上帝，以配祖考。

初六：鳴豫，凶。[一]

《象》曰："初六鳴豫"，志窮凶也。

[一] 處豫之初，而特得志於上。樂過則淫，志窮則凶，豫何可鳴？

六二：介于石，不終日，貞吉。[一]

《象》曰："不終日貞吉"，以中正也。

[一] 處豫之時，得位履中，安夫貞正，不求苟豫者也。順不苟從，豫不違中，是以上交不諂，下交不瀆。明禍福之所生，故不苟說；辯必然之理，故不改其操。介如石焉，不終日明矣。

六三：盱豫，悔；遲有悔。[一]

《象》曰：盱豫有悔，位不當也。

[一] 居下體之極，處兩卦之際，履非其位，承動豫之主。若其睢
盱而豫，悔亦生焉；遲而不從，豫之所疾。位非所據，而以
從豫。進退離悔，宜其然矣。

九四：由豫，大有得。勿疑，朋盍簪。[一]
《象》曰："由豫，大有得"，志大行也。

[一] 處豫之時，居動之始，獨體陽爻，衆陰所從，莫不由之以得
其豫，故曰"由豫，大有得"也。夫不信於物，物亦疑焉，
故勿疑則朋合疾也。盍，合也。簪，疾也。

六五：貞疾，恒不死。[一]
《象》曰："六五貞疾"，乘剛也。"恒不死"，中未亡也。

[一] 四以剛動，爲豫之主，專權執制，非己所乘，故不敢與四爭
權；而又居中處尊，未可得亡。是以必常至於"貞疾，恒不
死"而已。

上六：冥豫成，有渝，无咎。[一]
《象》曰："冥豫"在上，何可長也？

[一] 處動豫之極，極豫盡樂，故至于"冥豫成"也。過豫不已，
何可長乎？故必渝變，然後无咎。

隨

☳ 震下兌上

隨：元亨，利貞，无咎。

《彖》曰：隨，剛來而下柔，動而説，隨。大亨貞无咎，而天下隨時。隨時之義大矣哉！[一]

《象》曰：澤中有雷，隨。君子以嚮晦入宴息。[二]

[一] 震剛而兌柔也，以剛下柔，動而之説，乃得隨也。爲隨而不大通，逆於時也；相隨而不爲利正，災之道也。故大通利貞，乃得无咎也。爲隨而令大通利貞，得於時也。得時則天下隨之矣。隨之所施，唯在於時也。時異而不隨，否之道也，故"隨時之義大矣哉"！

[二] 澤中有雷，動説之象也。物皆説隨，可以无爲，不勞明鑒，故君子嚮晦入宴息也。

初九：官有渝，貞吉。出門交，有功。[一]

《象》曰："官有渝"，從正吉也。"出門交有功"，不失也。

[一] 居隨之始，上无其應。无所偏係，動能隨時，意无所主者也；隨不以欲，以欲隨宜者也。故官有渝變，隨不失正也。出門无違，何所失哉！

六二：係小子，失丈夫。[一]

《象》曰:"係小子",弗兼與也。

[一]陰之爲物,以處隨世,不能獨立,必有係也。居隨之時,體於柔弱,而以乘夫剛動,豈能秉志,違於所近?隨此失彼,弗能兼與。五處己上,初處己下,故曰"係小子,失丈夫"也。

六三:係丈夫,失小子。隨有求得,利居貞。[一]
《象》曰:"係丈夫",志舍下也。[二]

[一]陰之爲物,以處隨世,不能獨立,必有係也。雖體下卦,二已據初,將何所附?故舍初係四,志在丈夫。四俱无應,亦欲於己隨之,則得其所求矣,故曰"隨有求得"也。應非其正,以係於人,何可以妄,故"利居貞"也。初處己下,四處己上,故曰"係丈夫,失小子"也。

[二]下,謂初也。

九四:隨有獲,貞凶。有孚在道,以明,何咎。[一]
《象》曰:"隨有獲",其義凶也。"有孚在道",明功也。

[一]處說之初,下據二陰,三求係己,不距則獲,故曰"隨有獲"也。居於臣地,履非其位,以擅其民,失於臣道,違正者也,故曰"貞凶"。體剛居說而得民心,能幹其事,而成其功者也。雖違常義,志在濟物,心存公誠,著信在道,以明其功,何咎之有。

九五:孚于嘉吉。[一]

《象》曰："孚于嘉吉"，位正中也。

［一］履正居中，而處隨世，盡隨時之宜，得物之誠，故嘉吉也。

上六：拘係之乃從。維之，王用亨于西山。^[一]
《象》曰："拘係之"，上窮也。^[二]

［一］隨之爲體，陰順陽者也。最處上極，不從者也。隨道已成，而特不從，故"拘係之乃從"也。率土之濱，莫非王臣，而爲不從，王之所討也，故"維之，王用亨于西山"也。兌爲西方。山者，塗之險隔也。處西方而爲不從，故王用通于西山。

［二］處于上極，故窮也。

蠱

☷ 巽下艮上

蠱：元亨，利涉大川。先甲三日，後甲三日。

《彖》曰：蠱，剛上而柔下，[一]巽而止，蠱。[二]蠱元亨而天下治也。[三]"利涉大川"，往有事也。"先甲三日，後甲三日"，終則有始，天行也。[四]

《象》曰：山下有風，蠱。君子以振民育德。[五]

[一] 上剛可以斷制，下柔可以施令。
[二] 既巽又止，不競爭也。有事而無競爭之患，故可以有爲也。
[三] 有爲而大亨，非天下治而何也？
[四] 蠱者有事而待能之時也。可以有爲，其在此時矣。物已說隨，則待夫作制以定其事也。進德脩業，往則亨矣。故"元亨，利涉大川"也。甲者，創制之令也。創制不可責之以舊，故先之三日，後之三日，使令洽而後乃誅也。因事申令，終則復始，若天之行用四時也。
[五] 蠱者，有事而待能之時也，故君子以濟民養德也。

初六：幹父之蠱，有子，考无咎。厲，終吉。[一]
《象》曰："幹父之蠱"，意承考也。[二]

[一] 處事之首，始見任者也。以柔巽之質，幹父之事，能承先軌，堪其任者也，故曰"有子"也。任爲事首，能堪其事，考乃无咎也，故曰"有子，考无咎"也。當事之首，是以危

也。能堪其事，故"終吉"也。

［二］幹事之首，時有損益，不可盡承，故意承而已。

九二：幹母之蠱，不可貞。[一]
《象》曰："幹母之蠱"，得中道也。

［一］居於內中，宜幹母事，故曰"幹母之蠱"也。婦人之性難可全正，宜屈己剛，既幹且順，故曰"不可貞"也。幹不失中，得中道也。

九三：幹父之蠱，小有悔，无大咎。[一]
《象》曰："幹父之蠱"，終无咎也。

［一］以剛幹事，而无其應，故"有悔"也。履得其位，以正幹父，雖"小有悔"，終无大咎。

六四：裕父之蠱，往見吝。[一]
《象》曰："裕父之蠱"，往未得也。

［一］體柔當位，幹不以剛，而以柔和，能裕先事者也。然无其應，往必不合，故曰"往見吝"。

六五：幹父之蠱，用譽。[一]
《象》曰：幹父用譽，承以德也。[二]

［一］以柔處尊，用中而應，承先以斯，用譽之道也。

［二］以柔處中，不任威力也。

　　上九：不事王侯，高尚其事。[一]
　　《象》曰："不事王侯"，志可則也。

［一］最處事上而不累於位，"不事王侯，高尚其事"也。

臨

☱ 兌下坤上

臨：元亨利貞，至于八月有凶。

《彖》曰：臨，剛浸而長，說而順，剛中而應，大亨以正，天之道也。[一]"至于八月有凶"，消不久也。[二]

《象》曰：澤上有地，臨。君子以教思无窮，容保民无疆。[三]

[一] 陽轉進長，陰道日消，君子日長，小人日憂，"大亨以正"之義。

[二] 八月陽衰而陰長，小人道長，君子道消也，故曰"有凶"。

[三] 相臨之道，莫若說順也。不恃威制，得物之誠，故物无違也。是以"君子教思无窮，容保民无疆"也。

初九：咸臨，貞吉。[一]

《象》曰："咸臨貞吉"，志行正也。

[一] 咸，感也。感，應也。有應於四，感以臨者也。四履正位，而己應焉，志行正者也。以剛感順，志行其正，以斯臨物，正而獲吉也。

九二：咸臨，吉无不利。[一]

《象》曰："咸臨，吉无不利"，未順命也。

〔一〕有應在五，感以臨者也。剛勝則柔危，而五體柔，非能同斯志者也。若順於五，則剛德不長，何由得"吉无不利"乎？全與相違，則失於感應。其得"咸臨，吉无不利"，必未順命也。

六三：甘臨，无攸利。既憂之，无咎。〔一〕
《象》曰："甘臨"，位不當也。"既憂之"，咎不長也。

〔一〕甘者，佞邪説媚不正之名也。履非其位，居剛長之世，而以邪説臨物，宜其"无攸利"也。若能盡憂其危，改脩其道，剛不害正〔一〕，故"咎不長"。

六四：至臨，无咎。〔一〕
《象》曰："至臨，无咎"，位當也。

〔一〕處順應陽，不忌剛長，而乃應之，履得其位，盡其至者也。剛勝則柔危，柔不失正，則得"无咎"也。

六五：知臨，大君之宜，吉。〔一〕
《象》曰："大君之宜"，行中之謂也。

〔一〕處於尊位，履得其中，能納剛以禮，用違其正〔二〕。不忌剛長

─────────

〔一〕剛不害正　"正"，底本作"王"，諸本皆作"正"。核查撫州本，實作"正"，此蓋《四部叢刊》影印描潤之誤，今改。
〔二〕用違其正　"違"，天祿琳瑯本、南宋建陽本、岳本、南宋八行注疏本皆作"建"，是也。

而能任之，委物以能而不犯焉，則聰明者竭其視聽，知力者盡其謀能，不爲而成，不行而至矣。"大君之宜"，如此而已，故曰"知臨，大君之宜，吉"也。

上六：敦臨，吉，无咎。[一]
《象》曰："敦臨"之吉，志在内也。

[一] 處坤之極，以敦而臨者也。志在助賢，以敦爲德，雖在剛長，剛不害厚，故无咎也。

觀

☷ 坤下巽上

觀：盥而不薦，有孚顒若。[一]

《彖》曰：大觀在上，[二]順而巽，中正以觀天下。"觀盥而不薦，有孚顒若"，下觀而化也。觀天之神道，而四時不忒。聖人以神道設教，而天下服矣。[三]

《象》曰：風行地上，觀。先王以省方觀民設教。

[一] 王道之可觀者，莫盛乎宗廟。宗廟之可觀者，莫盛於盥也。至薦簡略，不足復觀，故觀盥而不觀薦也。孔子曰："禘自既灌而往者，吾不欲觀之矣。"盡夫觀盛，則下觀而化矣。故觀至盥，則"有孚顒若"也。

[二] 下賤而上貴也。

[三] 統說觀之為道，不以刑制使物，而以觀感化物者也。神，則无形者也。不見天之使四時，而四時不忒；不見聖人使百姓，而百姓自服也。

初六：童觀，小人无咎，君子吝。[一]

《象》曰："初六童觀"，小人道也。

[一] 處於觀時，而最遠朝美；體於陰柔，不能自進。无所鑒見，故曰"童觀"。趣順而已，无所能為，小人之道也，故曰"小人无咎"。君子處大觀之時而為童觀，不亦鄙乎？

六二：闚觀，利女貞。[一]
《象》曰："闚觀，女貞"，亦可醜也。

[一] 處在於內，寡所鑒見。體於柔弱，從順而已。猶有應焉，不為全蒙，所見者狹，故曰"闚觀"。居內得位，柔順寡見，故曰"利女貞"，婦人之道也。處大觀之時，居中得位，不能大觀廣鑒，闚觀而已，誠可醜也。

六三：觀我生，進退。[一]
《象》曰："觀我生，進退"，未失道也。[二]

[一] 居下體之極，處二卦之際，近不比尊，遠不"童觀"，觀風者也。居此時也，可以"觀我生，進退"也。
[二] 處進退之時，以觀進退之幾，"未失道"也。

六四：觀國之光，利用賓于王。[一]
《象》曰："觀國之光"，尚賓也。

[一] 居觀之時，最近至尊，"觀國之光"者也。居近得位，明習國儀者也，故曰"利用賓于王"也。

九五：觀我生，君子无咎。[一]
《象》曰："觀我生"，觀民也。

[一] 居於尊位，為觀之主，宣弘大化，光于四表，觀之極者也。上之化下，猶風之靡草，故觀民之俗，以察己道，百姓有

罪，在予一人。君子風著，已乃"无咎"。上爲化主，將欲自觀，乃觀民也。

上九：觀其生，君子无咎。[一]
《象》曰："觀其生"，志未平也。[二]

［一］"觀我生"，自觀其道者也。"觀其生"，爲民所觀者也。不在於位，最處上極，高尚其志，爲天下所觀者也。處天下所觀之地，可不慎乎？故君子德見，乃得"无咎"。"生"，猶動出也。
［二］特處異地，爲衆所觀。不爲平易，和光流通，志未平也。

周易上經噬嗑傳第三

周易上經噬嗑傳第三

王　弼　注

噬　嗑

☲ 震下離上

噬嗑：亨。利用獄。[一]

《彖》曰：頤中有物，曰噬嗑。[二] 噬嗑而亨，[三] 剛柔分動而明，雷電合而章，[四] 柔得中而上行，雖不當位，"利用獄"也。[五]

《象》曰：雷電，噬嗑。先王以明罰勑法。

[一] 噬，齧也；嗑，合也。凡物之不親，由有閒也；物之不齊，由有過也。有閒與過，齧而合之，所以通也。刑克以通，獄之利也。

[二] 頤中有物，齧而合之，噬嗑之義也。

[三] 有物有閒，不齧不合，无由亨也。

[四] 剛柔分動，不溷乃明；雷電並合，不亂乃章，皆"利用獄"之義。

[五] 謂五也。能為齧合而通，必有其主，五則是也。"上行"，謂所之在進也。凡言"上行"，皆所之在貴也。雖不當位，不害用獄也。

初九：履校滅趾，无咎。[一]
《象》曰："履校滅趾"，不行也。[二]

[一] 居无位之地，以處刑初，受刑而非治刑者也。凡過之所始，必始於微而後至於著；罰之所始，必始於薄而後至於誅。過輕戮薄，故"履校滅趾"，桎其行也。足懲而已，故不重也。過而不改，乃謂之過。小懲大誡，乃得其福，故无咎也。校者，以木絞校者也，即械也，校者取其通名也。

[二] 過止於此。

六二：噬膚滅鼻，无咎。[一]
《象》曰："噬膚滅鼻"，乘剛也。

[一] 噬，齧也。齧者，刑克之謂也。處中得位，所刑者當，故曰"噬膚"也。乘剛而刑，未盡順道，噬過其分，故"滅鼻"也。刑得所疾，故雖滅鼻而无咎也。"膚"者，柔脆之物也。

六三：噬腊肉，遇毒。小吝，无咎。[一]
《象》曰："遇毒"，位不當也。

[一] 處下體之極，而履非其位，以斯食物，其物必堅。豈唯堅乎？將遇其毒。噬以喻刑人，腊以喻不服，毒以喻怨生。然承於四而不乘剛，雖失其正，刑不侵順，故雖遇毒，小吝无咎。

九四：噬乾胏，得金矢。利艱貞吉。[一]
《象》曰："利艱貞吉"，未光也。

[一] 雖體陽爻，爲陰之主；履不獲中，而居其非位。以斯噬物，
物亦不服，故曰"噬乾肺"也。金，剛也。矢，直也。噬乾
肺而得剛直，可以利於艱貞之吉，未足以盡通理之道也。

六五：噬乾肉，得黃金。貞厲，无咎。[一]
《象》曰："貞厲无咎"，得當也。

[一] 乾肉，堅也。黃，中也。金，剛也。以陰處陽，以柔乘剛，
以噬於物，物亦不服，故曰"噬乾肉"也。然處得尊位，以
柔乘剛而居於中，能行其戮者也。履不正而能行其戮，剛勝
者也。噬雖不服，得中而勝，故曰"噬乾肉，得黃金"也。
己雖不正，而刑戮得當，故雖貞厲而无咎也。

上九：何校滅耳，凶。[一]
《象》曰："何校滅耳"，聰不明也。[二]

[一] 處罰之極，惡積不改者也。罪非所懲，故刑及其首，至于滅
耳。及首非誡，滅耳非懲，凶莫甚焉。
[二] 聰不明，故不慮惡積，至于不可解也。

賁

☲ 離下艮上

賁：亨，小利有攸往。

《彖》曰："賁亨"，柔來而文剛，故亨。分剛上而文柔，故"小利有攸往"，[一] 天文也。[二] 文明以止，人文也。[三] 觀乎"天文"，以察時變；觀乎"人文"，以化成天下。[四]

《象》曰：山下有火，賁。君子以明庶政，无敢折獄。[五]

[一] 剛柔不分，文何由生。故坤之上六來居二位，"柔來文剛"之義也。柔來文剛，居位得中，是以"亨"。乾之九二，分居上位，"分剛上而文柔"之義也。剛上文柔，不得中位，不若柔來文剛，故"小利有攸往"。

[二] 剛柔交錯而成文焉，天之文也。

[三] 止物不以威武而以文明，人之文也。

[四] 解天之文，則時變可知也；解人之文，則化成可爲也。

[五] 處賁之時，止物以文明，不可以威刑，故君子以明庶政，而无敢折獄。

初九：賁其趾，舍車而徒。[一]

《象》曰："舍車而徒"，義弗乘也。

[一] 在賁之始，以剛處下，居於无位，棄於不義，安夫徒步以從其志者也。故飾其趾，舍車而徒，"義弗乘"之謂也。

六二：賁其須。[一]
《象》曰："賁其須"，與上興也。

[一] 得其位而无應，三亦无應，俱无應而比焉，近而相得者也。須之爲物，上附者也。循其所履[一]，以附於上，故曰"賁其須"也。

九三：賁如濡如，永貞，吉。[一]
《象》曰："永貞"之吉，終莫之陵也。

[一] 處下體之極，居得其位，與二相比，俱履其正，和合相潤，以成其文者也。既得其飾，又得其潤，故曰"賁如濡如"也。永保其貞，物莫之陵，故曰"永貞，吉"也。

六四：賁如皤如，白馬翰如。匪寇，婚媾。[一]
《象》曰：六四當位，疑也。"匪寇，婚媾"，終无尤也。

[一] 有應在初，而閡於三，爲己寇難。二志相感，不獲通亨。欲靜則欽初之應，欲進則懼三之難，故或飾或素，內懷疑懼也。鮮絜其馬，"翰如"以待，雖履正位，未敢果其志也。三爲剛猛，未可輕犯，匪寇乃婚，終无尤也。

六五：賁于丘園，束帛戔戔。吝，終吉。[一]

〔一〕循其所履　"循"，底本作"脩"，撫州本同。而敦煌本（伯二五三〇）、天祿琳瑯本、南宋建陽本、岳本、南宋八行注疏本皆作"循"，是也。今據改。

《象》曰：六五之吉，有喜也。

［一］處得尊位，爲飾之主，飾之盛者也。施飾於物，其道害也；施飾丘園，盛莫大焉。故賁于束帛，丘園乃落；賁于丘園，帛乃戔戔。用莫過儉，泰而能約，故必吝焉乃得終吉也。

上九：白賁，无咎。[一]
《象》曰："白賁，无咎"，上得志也。

［一］處飾之終，飾終反素。故任其質素，不勞文飾而无咎也。以白爲飾，而无患憂，得志者也。

剝

☷ 坤下艮上

剝：不利有攸往。

《彖》曰：剝，剝也，柔變剛也。"不利有攸往"，小人長也。順而止之，觀象也。君子尚消息盈虛，天行也。[一]

《象》曰：山附於地，剝。上以厚下安宅。[二]

[一] 坤順而艮止也。所以順而止之，不敢以剛止者，以觀其形象也。強亢激拂，觸忤以隕身，身既傾焉，功又不就，非君子之所尚也。

[二] "厚下"者，牀不見剝也；"安宅"者，物不失處也。"厚下安宅"，治剝之道也。

初六：剝牀以足，蔑貞，凶。[一]

《象》曰："剝牀以足"，以滅下也。

[一] 牀者，人之所以安也。"剝牀以足"，猶云剝牀之足也。蔑，猶削也。剝牀之足，滅下之道也。下道始滅，剛隕柔長，則正削而凶來也。

六二：剝牀以辨，蔑貞，凶。[一]

《象》曰："剝牀以辨"，未有與也。

[一] 蔑，猶甚極之辭也。辨者，足之上也。剝道浸長，故剝其辨

也。稍近於牀，轉欲滅物之所處，長柔而削正，以斯爲德，物所棄也。

六三：剝之，无咎。[一]
《象》曰："剝之，无咎"，失上下也。[二]

[一] 與上爲應。群陰剝陽，我獨協焉，雖處於剝，可以无咎。
[二] 三，上下各有二陰，而三獨應於陽，則"失上下"也。

六四：剝牀以膚，凶。[一]
象曰："剝牀以膚"，切近災也。

[一] 初、二剝牀，民所以安，未剝其身也。至四剝道浸長，牀既剝盡，以及人身，小人遂盛，物將失身，豈唯削正，靡所不凶。

六五：貫魚，以宮人寵，无不利。[一]
《象》曰："以宮人寵"，終无尤也。

[一] 處剝之時，居得尊位，爲剝之主者也。剝之爲害，小人得寵，以消君子者也。若能施寵小人，於宮人而已，不害於正，則所寵雖衆，終无尤也。貫魚，謂此衆陰也，駢頭相次，似貫魚也。

上九：碩果不食，君子得輿，小人剝廬。[一]
《象》曰："君子得輿"，民所載也。"小人剝廬"，終不可用也。

［一］處卦之終，獨全不落，故果至于碩而不見食也。君子居之，則爲民覆蔭；小人用之，則剝下所庇也。

復

☷ 震下坤上

復：亨。出入无疾，朋來无咎。反復其道，七日來復，利有攸往。

《彖》曰："復，亨"，剛反，動而以順行，是以"出入无疾，[一]朋來无咎"。[二]"反復其道，七日來復"，[三]天行也。[四]"利有攸往"，剛長也。[五]復，其見天地之心乎？[六]

《象》曰：雷在地中，復。先王以至日閉關，商旅不行，后不省方。[七]

[一] 入則爲反，出則剛長，故无疾。疾，猶病也。

[二] 朋，謂陽也。

[三] 陽氣始剝盡，至來復時，凡七日。

[四] 以天之行，反復不過七日〔一〕，復之不可遠也。

[五] 往則小人道消也。

[六] 復者，反本之謂也。天地以本爲心者也。凡動息則靜，靜非對動者也；語息則默，默非對語者也。然則天地雖大，富有萬物，雷動風行，運化萬變，寂然至无，是其本矣。故動息地中，乃天地之心見也。若其以有爲心，則異類未獲具存矣。

[七] 方，事也。冬至，陰之復也；夏至，陽之復也。故爲復，則至於寂然大靜，先王則天地而行者也。動復則靜，行復則

〔一〕 反復不過七日 "復"，南宋建陽本同，敦煌本（伯二五三〇）、天祿琳琅本、南宋八行注疏本作"覆"。

止，事復則无事也。

初九：不遠復，无祇悔，元吉。[一]
《象》曰："不遠"之復，以修身也。

[一] 最處復初，始復者也。復之不速，遂至迷凶。不遠而復，幾悔而反，以此脩身，患難遠矣。錯之於事，其殆庶幾乎。故元吉也。

六二：休復，吉。[一]
《象》曰："休復"之吉，以下仁也。

[一] 得位處中，最比於初，上无陽爻以疑其親。陽爲仁行，在初之上而附順之，下仁之謂也。既處中位，親仁善鄰，復之休也。

六三：頻復，厲，无咎。[一]
《象》曰："頻復"之厲，義无咎也。

[一] 頻，頻蹙之貌也。處下體之終，雖愈於上六之迷，已失復遠矣[一]，是以蹙也。蹙而求復，未至於迷，故雖危无咎也。復道宜速，蹙而乃復，義雖无咎，它來難保。

六四：中行獨復。[一]

〔一〕已失復遠矣　"失"，岳本作"去"。按《正義》曰"去復稍遠"，則孔氏所據當作"去"。依文義作"去"是。

《象》曰:"中行獨復",以從道也。

［一］四上下各有二陰而處厥中,履得其位而應於初,獨得所復,順道而反,物莫之犯,故曰"中行獨復"也。

六五:敦復,无悔。[一]
《象》曰:"敦復,无悔",中以自考也。

［一］居厚而履中,居厚則无怨,履中則可以自考。雖不足以及休復之吉,守厚以復,悔可免也。

上六:迷復,凶,有災眚。用行師,終有大敗。以其國,君凶。至于十年不克征。[一]
《象》曰:"迷復"之凶,反君道也。

［一］最處復後,是迷者也。以迷求復,故曰"迷復"也。用之行師,難用有克也,終必大敗。用之於國,則反乎君道也。大敗乃復,量斯勢也,雖復十年脩之,猶未能征也。

无　妄

☷ 震下乾上

无妄：元亨利貞。其匪正有眚，不利有攸往。

《彖》曰：无妄，剛自外來而爲主於内，[一] 動而健，[二] 剛中而應，[三] 大亨以正，天之命也。[四]"其匪正有眚，不利有攸往"。无妄之往，何之矣？天命不祐，行矣哉！[五]

《象》曰：天下雷行，物與无妄。[六] 先王以茂對時育萬物。[七]

[一] 謂震也。

[二] 震動而乾健也。

[三] 謂五也。

[四] 剛自外來，而爲主於内，動而愈健。剛中而應，咸剛方正，私欲不行，何可以妄。使有妄之道滅，无妄之道成，非大亨利貞而何。剛自外來，而爲主於内，則柔邪之道消矣；動而愈健，則剛直之道通矣；剛中而應，則齊明之德著矣。故大亨以正也。天之教命，何可犯乎？何可妄乎？是以匪正則有眚，而不利有攸往也。

[五] 匪正有眚，不求改以從正，而欲有所往。居不可以妄之時，而欲以不正有所往，將欲何之？天命之所不祐，竟矣哉！

[六] 與，辭也，猶皆也。天下雷行，物皆不可以妄也。

[七] 茂，盛也。物皆不敢妄，然後萬物乃得各全其性，對時育物，莫盛於斯也。

初九：无妄往，吉。[一]
《象》曰："无妄"之往，得志也。

[一] 體剛處下，以貴下賤，行不犯妄，故往得其志。

六二：不耕，穫；不菑，畬。則利有攸往。[一]
《象》曰："不耕，穫"，未富也。

[一] 不耕而穫，不菑而畬，代終已成而不造也。不擅其美，乃盡臣道，故利有攸往。

六三：无妄之災，或繫之牛。行人之得，邑人之災。[一]
《象》曰：行人得牛，邑人災也。

[一] 以陰居陽，行違謙順，是无妄之所以爲災也。牛者，稼穡之資也。二以不耕而穫，利有攸往；而三爲不順之行，故"或繫之牛"。是有司之所以爲穫，彼人之所以爲災也，故曰"行人之得，邑人之災"也。

九四：可貞，无咎。[一]
《象》曰："可貞，无咎"，固有之也。

[一] 處无妄之時，以陽居陰，以剛乘柔，履於謙順，比近至尊，故可以任正，固有所守而无咎也。

九五：无妄之疾，勿藥，有喜。[一]

《象》曰：无妄之藥，不可試也。[二]

[一] 居得尊位，爲无妄之主者也。下皆无妄，害非所致；而取藥焉，疾之甚也。非妄之災，勿治自復；非妄而藥之，則凶，故曰"勿藥，有喜"。
[二] 藥攻有妄者也，而反攻无妄，故不可試也。

上九：无妄，行有眚，无攸利。[一]
《象》曰：无妄之行，窮之災也。

[一] 處不可妄之極，唯宜靜保其身而已，故不可以行也。

大　畜

☶ 乾下艮上

大畜：利貞。不家食，吉。利涉大川。

《彖》曰：大畜，剛健篤實，輝光日新其德。[一]剛上而尚賢，[二]能止健，大正也。[三]"不家食吉"，養賢也。"利涉大川"，應乎天也。[四]

《象》曰：天在山中，大畜。君子以多識前言往行，以畜其德。[五]

[一] 凡物既厭而退者，弱也；既榮而隕者，薄也。夫能"輝光日新其德"者，唯"剛健篤實"也。

[二] 謂上九也。處上而大通，剛來而不距，尚賢之謂也。

[三] 健莫過乾，而能止之，非夫大正，未之能也。

[四] 有大畜之實，以之養賢，令賢者不家食，乃吉也。尚賢制健，大正應天，不憂險難，故"利涉大川"也。

[五] 物之可畜於懷，令德不散，盡於此也。

初九：有厲，利已。[一]

《象》曰："有厲利已"，不犯災也。[二]

[一] 四乃畜己，未可犯也。故進則有厲，已則利也。

[二] 處健之始，未果其健者，故能利已。

九二：輿說輹。[一]

《象》曰："輿説輹"，中无尤也。

［一］五處畜盛，未可犯也。遇斯而進，故"輿説輹"也。居得其中，能以其中，不爲馮河，死而无悔，遇難能止，故"无尤"也。

九三：良馬逐，利艱貞。曰閑輿衛，利有攸往。[一]
《象》曰："利有攸往"，上合志也。

［一］凡物極則反，故畜極則通。初、二之進，值於畜盛，故不可以升。至於九三，升于上九，而上九處天衢之亨，塗徑大通，進无違距，可以馳騁，故曰"良馬逐"也。履當其位，進得其時，之乎通路，不憂險厄，故"利艱貞"也。閑，闌也。衛，護也。進得其時，雖涉艱難而无患也，輿雖遇閑而故衛也。與上合志，故"利有攸往"也。

六四：童牛之牿，元吉。[一]
《象》曰：六四元吉，有喜也。

［一］處艮之始，履得其位。能止健初，距不以角；柔以止剛，剛不敢犯。抑鋭之始，以息强争，豈唯獨利，乃將有喜也。

六五：豶豕之牙，吉。[一]
《象》曰：六五之吉，有慶也。

［一］豕牙横猾，剛暴難制之物，謂二也。五處得尊位，爲畜之

主。二剛而進,能豶其牙,柔能制健,禁暴抑盛。豈唯能固其位,乃將有慶也。

上九:何,天之衢亨。[一]

《象》曰:"何天之衢",道大行也。

[一] 處畜之極,畜極則通,大畜以至於大亨之時。何,辭也。猶云:何畜?乃天之衢亨也。

頤

☷ 震下艮上

頤：貞吉。觀頤，自求口實。

《彖》曰："頤貞吉"，養正則吉也。"觀頤"，觀其所養也。"自求口實"，觀其自養也。天地養萬物，聖人養賢以及萬民，頤之時大矣哉！

《象》曰：山下有雷，頤。君子以慎言語，節飲食。[一]

[一] 言語、飲食猶慎而節之，而況其餘乎？

初九：舍爾靈龜，觀我朵頤，凶。[一]
《象》曰："觀我朵頤"，亦不足貴也。

[一] "朵頤"者，嚼也。以陽處下而為動始，不能令物由己養，動而求養者也。夫安身莫若不競，脩己莫若自保。守道則福至，求祿則辱來。居養賢之世，不能貞其所履，以全其德。而舍其靈龜之明兆，羨我朵頤而躁求；離其致養之至道，闚我寵祿而競進，凶莫甚焉。

六二：顛頤，拂經于丘。頤，征凶。[一]
《象》曰：六二征凶，行失類也。[二]

[一] 養下曰顛。拂，違也。經，猶義也。丘，所履之常也。處下體之中，无應於上，反而養初。居下，不奉上而反養下，故

曰"顛頤拂經于丘"也。以此而養，未見其福也；以此而行，未見有與，故曰"頤，征凶"。

[二] 類皆上養，而二處下養初。

六三：拂頤貞，凶。十年勿用，无攸利。[一]
《象》曰："十年勿用"，道大悖也。

[一] 履夫不正，以養於上，納上以諂者也。拂養正之義，故曰"拂頤貞，凶"也。處頤而爲此行，十年見棄者也。立行於斯，无施而利。

六四：顛頤，吉。虎視眈眈，其欲逐逐，无咎。[一]
《象》曰："顛頤"之吉，上施光也。

[一] 體屬上體，居得其位，而應於初。以上養下，得頤之義，故曰"顛頤吉"也。下交不可以瀆，故"虎視眈眈"，威而不猛，不惡而嚴。養德施賢，何可有利？故"其欲逐逐"，尚敦實也。脩此二者，然後乃得全其吉而"无咎"。觀其自養則履正，察其所養則養陽，頤爻之貴，斯爲盛矣。

六五：拂經，居貞吉。不可涉大川。[一]
《象》曰："居貞"之吉，順以從上也。

[一] 以陰居陽，拂頤之義也。行則失類，故宜"居貞"也。无

應於下而比於上，故可守貞從上，得順之吉[一]。雖得居貞之吉，處頤違謙，難未可涉也。

上九：由頤，厲吉，利涉大川。[一]
《象》曰："由頤厲吉"，大有慶也。

[一] 以陽處上而履四陰，陰不能獨爲主，必宗於陽也。故莫不由之以得其養，故曰"由頤"。爲衆陰之主，不可瀆也，故厲乃吉，有似"家人""悔厲"之義。貴而无位，是以厲也；高而有民，是以吉也。爲養之主，物莫之違，故"利涉大川"也。

───────

〔一〕 得順之吉 "順"，撫州本同；敦煌本（伯二五三〇）、天祿琳瑯本、南宋建陽本、南宋八行注疏本、岳本皆作"頤"。《釋文》曰："得頤，一本作得順。"今按《象傳》曰"順以從上"，則作"順"似是。

大　過

☰ 巽下兌上

大過[一]：棟橈，利有攸往，亨。

《彖》曰：大過，大者過也。[二]棟橈，本末弱也。[三]剛過而中，[四]巽而説行，[五]利有攸往，乃亨。[六]大過之時大矣哉！[七]

《象》曰：澤滅木，大過。君子以獨立不懼，遯世无悶。[八]

[一] 音"相過"之"過"。

[二] 大者乃能過也。

[三] 初爲本，而上爲末也。

[四] 謂二也。居陰，過也；處二，中也。拯弱興衰，不失其中也。

[五] "巽而説行"，以此救難，難乃濟也。

[六] 危而弗持，則將安用？故往乃亨。

[七] 是君子有爲之時也[一]。

[八] 此所以爲大過，非凡所及也。

初六：藉用白茅，无咎。[一]

《象》曰："藉用白茅"，柔在下也。

[一] 以柔處下，過而可以无咎，其唯慎乎。

〔一〕 是君子有爲之時也 "也"，底本無。今據敦煌本（伯二五三〇）、天祿琳瑯本、南宋建陽本、南宋八行注疏本、岳本補。

九二：枯楊生稊，老夫得其女妻，无不利。[一]
《象》曰："老夫女妻"，過以相與也。

[一] 稊者，楊之秀也。以陽處陰，能過其本而救其弱者也。上无其應，心无特吝，處過以此，无衰不濟也。故能令枯楊更生稊，老夫更得少妻。拯弱興衰，莫盛斯爻，故无不利也。老過則枯，少過則稚。以老分少，則稚者長；以稚分老，則枯者榮，"過以相與"之謂也。大過至衰而已至壯，以至壯輔至衰，應斯義也。

九三：棟橈，凶。[一]
《象》曰："棟橈"之凶，不可以有輔也。

[一] 居大過之時，處下體之極，不能救危拯弱，以隆其棟。而以陽處陽，自守所居；又應於上，係心在一[一]，宜其淹弱而凶衰也[二]。

九四：棟隆，吉。有它吝。[一]
《象》曰："棟隆"之吉，不橈乎下也。

[一] 體屬上體，以陽處陰，能拯其弱，不爲下所橈者也，故"棟隆吉"也。而應在初，用心不弘，故"有它吝"也。

〔一〕 係心在一 "一"，底本及撫州本作"下"，今據敦煌本（伯二五三〇）、天祿琳瑯本、南宋建陽本、南宋八行注疏本、岳本改。
〔二〕 宜其淹弱而凶衰也 "弱"，底本及撫州本作"溺"，今據敦煌本（伯二五三〇）、天祿琳瑯本、南宋建陽本、南宋八行注疏本、岳本改。

九五：枯楊生華，老婦得其士夫，无咎，无譽。[一]
《象》曰："枯楊生華"，何可久也。老婦士夫，亦可醜也。

[一] 處得尊位，而以陽處陽，未能拯危；處得尊位，亦未有橈。故能生華，不能生稊；能得夫，不能得妻。處棟橈之世，而爲"无咎无譽"，何可長哉。故生華不可久，士夫誠可醜也。

上六：過涉，滅頂凶，无咎。[一]
《象》曰："過涉"之凶，不可咎也。[二]

[一] 處大過之極，過之甚也。涉難過甚，故至於"滅頂凶"。志在救時，故不可咎也。
[二] 雖凶，无咎。不害義也。

習　坎

☵ 坎下坎上〔一〕

習坎〔一〕：有孚，維心亨，〔二〕行有尚。〔三〕

《彖》曰：習坎，重險也。〔四〕水流而不盈，行險而不失其信。〔五〕"維心亨"，乃以剛中也。"行有尚"，往有功也。〔六〕天險不可升也，〔七〕地險山川丘陵也，〔八〕王公設險以守其國。〔九〕險之時用大矣哉！〔一〇〕

《象》曰：水洊至，習坎。〔一一〕君子以常德行，習教事。〔一二〕

[一] 坎，險陷之名也。習，謂便習之。

[二] 剛正在內，有孚者也；陽不外發，而在乎內，心亨者也。

[三] 內亨外闇，內剛外順，以此行險，行有尚也。

[四] 坎以險爲用，故特名曰"重險"。言"習坎"者，習乎重險也。

[五] 險陷之極，故水流而不能盈也。處至險而不失剛中，行險而不失其信者，習險之謂也。

[六] 便習於坎，而之坎地，盡坎之宜，故往必有功也。

[七] 不可得升，故得保其威尊。

[八] 有山川丘陵，故物得以保全也。

[九] 國之爲衛，恃於險也。言自天地以下莫不須險也。

[一〇] 非用之常，用有時也。

[一一] 重險懸絕，故"水洊至"也。不以坎爲隔絕，相仍而至，

〔一〕 坎下坎上　底本及撫州本作"坎上坎下"，今據敦煌本（伯二五三〇）、天祿琳瑯本、南宋建陽本、南宋八行注疏本、岳本改。

習乎坎也。

［一二］至險未夷，教不可廢，故以常德行而習教事也。習於坎，然後乃能不以險難爲困，而德行不失常也。故則夫習坎，以常德行而習教事也。

初六：習坎，入于坎窞，凶。［一］
《象》曰：習坎入坎，失道凶也。

［一］習坎者，習爲險難之事也。最處坎底，入坎窞者也。處重險而復入坎底，其道凶也。行險而不能自濟，習坎而入坎窞，失道而窮在坎底，上无應援可以自濟，是以凶也。

九二：坎有險，求小得。［一］
《象》曰："求小得"，未出中也。

［一］履失其位，故曰"坎"。上无應援，故曰"有險"。坎而有險，未能出險之中也。處中而與初、三相得，故可以"求小得"也。初、三未足以爲援，故曰"小得"也。

六三：來之坎坎，險且枕，入于坎窞，勿用。［一］
《象》曰："來之坎坎"，終无功也。

［一］既履非其位，而又處兩坎之間。出則之坎，居則亦坎，故曰"來之坎坎"也。枕者，枝而不安之謂也。出則无之，處則无安，故曰"險且枕"也。來之皆坎，无所用之，徒勞而已。

六四：樽酒簋貳，用缶，納約自牖，終无咎。[一]
《象》曰："樽酒簋貳"，剛柔際也。[二]

[一] 處重險而履正，以柔居柔，履得其位，以承於五,五亦得位。剛柔各得其所，不相犯位，皆无餘應，以相承比，明信顯著，不存外飾。處坎以斯，雖復一樽之酒，二簋之食，瓦缶之器，納此至約，自進於牖，乃可羞之於王公，薦之於宗廟，故"終无咎"也。

[二] 剛柔相比而相親焉，"際"之謂也。

九五：坎不盈。祇既平，无咎。[一]
《象》曰："坎不盈"，中未大也。

[一] 爲坎之主，而无應輔可以自佐，未能盈坎者也。坎之不盈，則險不盡矣。祇，辭也。爲坎之主，盡平乃无咎，故曰"祇既平，无咎"也。説"既平乃无咎"，明九五未免於咎也。

上六：係用徽纆，寘于叢棘，三歲不得，凶。[一]
《象》曰：上六失道，凶三歲也。

[一] 險陷之極，不可升也；嚴法峻整，難可犯也。宜其囚執，寘于思過之地。三歲，險道之夷也。險終乃反，故三歲不得。自脩三歲，乃可以求復，故曰"三歲不得，凶"也。

離

☲ 離下離上

離：利貞，亨。[一] 畜牝牛吉。[二]

《彖》曰：離，麗也。[三] 日月麗乎天，百穀草木麗乎土。重明以麗乎正，乃化成天下。柔麗乎中正，故亨。是以"畜牝牛吉"也。[四]

《象》曰：明兩作，離。大人以繼明照于四方。[五]

[一] 離之爲卦，以柔爲正，故必貞而後乃亨，故曰"利貞亨"也。

[二] 柔處於內而履正中，牝之善也。外強而內順，牛之善也。離之爲體，以柔順爲主者也。故不可以畜剛猛之物，而吉於畜牝牛也。

[三] 麗猶著也，各得所著之宜。

[四] 柔著于中正，乃得通也。柔通之吉，極於畜牝牛，不能及剛猛也。

[五] 繼，謂不絕也。明照相繼，不絕曠也。

初九：履錯然，敬之，无咎。[一]
《象》曰："履錯"之敬，以辟咎也。

[一] 錯然者，警慎之貌也。處離之始，將進而盛，未在既濟，故宜慎其所履，以敬爲務，辟其咎也。

六二：黃離，元吉。[一]

《象》曰:"黄離元吉",得中道也。

[一]居中得位,以柔處柔,履文明之盛而得其中,故曰"黄離元吉"也。

九三:日昃之離,不鼓缶而歌,則大耋之嗟,凶。[一]
《象》曰:"日昃之離",何可久也。

[一]嗟,憂歎之辭也。處下離之終,明在將没,故曰"日昃之離"也。明在將終,若不委之於人,養志无爲,則至于耋老有嗟,凶矣,故曰"不鼓缶而歌,則大耋之嗟,凶"也。

九四:突如其來如,焚如,死如,棄如。[一]
《象》曰:"突如其來如",无所容也。

[一]處於明道始變之際,昏而始曉,没而始出,故曰"突如其來如"。其明始進,其炎始盛,故曰"焚如"。逼近至尊,履非其位,欲進其盛,以炎其上,命必不終,故曰"死如"。違離之義,无應无承,衆所不容,故曰"棄如"也。

六五:出涕沱若,戚嗟若,吉。[一]
《象》曰:六五之吉,離王公也。

[一]履非其位,不勝所履。以柔乘剛,不能制下。下剛而進,將來害己,憂傷之深,至于沱嗟也。然所麗在尊,四爲逆首,憂傷至深,衆之所助,故乃沱嗟而獲吉也。

上九：王用出征，有嘉折首，獲匪其醜，无咎。[一]

《象》曰："王用出征"，以正邦也。

[一] 離，麗也，各得安其所麗謂之離。處離之極，離道已成，則除其非類以去民害，"王用出征"之時也。故必"有嘉折首，獲匪其醜"，乃得"无咎"也。

周易下經咸傳第四

周易下經咸傳第四

王弼 注

咸

☶ 艮下兌上

咸：亨，利貞，取女吉。

《彖》曰：咸，感也。柔上而剛下，二氣感應以相與。^[一]止而説，^[二]男下女，^[三]是以"亨，利貞，取女吉"也。天地感而萬物化生，^[四]聖人感人心而天下和平。觀其所感，而天地萬物之情可見矣。^[五]

《象》曰：山上有澤，咸。君子以虛受人。^[六]

[一] 是以"亨"也。

[二] 故"利貞"也。

[三] "取女吉"也。

[四] 二氣相與，乃化生也。

[五] 天地萬物之情，見於所感也。凡感之爲道，不能感非類者也，故引取女以明同類之義也。同類而不相感應，以其各亢所處也。故女雖應男之物，必下之，而後取女乃吉也。

[六] 以虛受人，物乃感應。

初六：咸其拇。^[一]

《象》曰:"咸其拇",志在外也。[二]

[一]處咸之初,爲感之始,所感在末,故有志而已。如其本實,未至傷靜。
[二]四屬外卦。

六二:咸其腓,凶。居吉。[一]
《象》曰:雖凶居吉,順不害也。[二]

[一]咸道轉進,離拇升腓。腓體動躁者也,感物以躁,凶之道也。由躁故凶,居則吉矣。處不乘剛,故可以居而獲吉。
[二]陰而爲居,順之道也。不躁而居,順不害也。

九三:咸其股,執其隨,往吝。[一]
《象》曰:"咸其股",亦不處也。志在隨人,所執下也。

[一]股之爲物,隨足者也。進不能制動,退不能靜處,所感在股,志在隨人者也。志在隨人,所執亦以賤矣。用斯以往,吝其宜也。

九四:貞吉,悔亡。憧憧往來,朋從爾思。[一]
《象》曰:"貞吉,悔亡",未感害也。[二]"憧憧往來",未光大也。

[一]處上卦之初,應下卦之始,居體之中,在股之上,二體始相交感,以通其志,心神始感者也。凡物始感而不以之於正,

114

则至於害，故必貞然後乃吉，吉然後乃得亡其悔也。始在於感，未盡感極，不能至於无思以得其黨，故有"憧憧往來"，然後"朋從其思"也。

[二] 未感於害，故可正之，得"悔亡"也。

九五：咸其脢，无悔。[一]
《象》曰："咸其脢"，志末也。

[一] 脢者，心之上，口之下。進不能大感，退亦不爲无志，其志淺末，故"无悔"而已。

上六：咸其輔、頰、舌。[一]
《象》曰："咸其輔、頰、舌"，滕口説也。[二]

[一] 咸道轉末，故在口舌言語而已。
[二] 輔、頰、舌者，所以爲語之具也。"咸其輔、頰、舌"，則"滕口説"也。"憧憧往來"，猶未光大；況在滕口，薄可知也。

恒

☷ 巽下震上

恒：亨，无咎，利貞，[一]利有攸往。[二]

《彖》曰：恒，久也。剛上而柔下，[三]雷風相與，[四]巽而動，[五]剛柔皆應，[六]恒。[七]"恒亨，无咎，利貞"，久於其道也。[八]天地之道，恒久而不已也。[九]"利有攸往"，終則有始也。[一〇]日月得天而能久照，四時變化而能久成，聖人久於其道而天下化成。[一一]觀其所恒，而天地萬物之情可見矣。[一二]

《象》曰：雷風，恒。[一三]君子以立不易方。[一四]

[一] 恒而亨，以濟三事也。恒之爲道，亨乃无咎也。恒通无咎，乃利正也。

[二] 各得所恒，脩其常道，終則有始，往而无違，故"利有攸往"也。

[三] 剛尊柔卑，得其序也。

[四] 長陽長陰，能相成也。

[五] 動无違也。

[六] 不孤媲也。

[七] 皆可久之道。

[八] 道得所久，則常通无咎而利正也。

[九] 得其所久，故"不已"也。

[一〇] 得其常道，故終則復始，往无窮極。

[一一] 言各得其所恒，故皆能長久。

［一二］天地萬物之情，見於所恒也。
［一三］長陽長陰，合而相與，可久之道也。
［一四］得其所久，故"不易"也。

初六：浚恒，貞凶，无攸利。[一]
《象》曰："浚恒"之凶，始求深也。

［一］處恒之初，最處卦底，始求深者也。求深窮底，令物无餘縕，漸以至此，物猶不堪，而況始求深者乎？以此爲恒，凶正害德，无施而利也。

九二：悔亡。[一]
《象》曰：九二"悔亡"，能久中也。

［一］雖失其位，恒位於中，可以消悔也。

九三：不恒其德，或承之羞，貞吝。[一]
《象》曰："不恒其德"，无所容也。

［一］處三陽之中，居下體之上，處上體之下，上不全尊，下不全卑，中不在體。體在乎恒，而分无所定，无恒者也。德行无恒，自相違錯，不可致詰，故"或承之羞"也。施德於斯，物莫之納，鄙賤甚矣，故曰"貞吝"也。

九四：田无禽。[一]
《象》曰：久非其位，安得禽也？

〔一〕恒於非位，雖勞无獲也〔一〕。

六五：恒其德，貞。婦人吉，夫子凶。[一]
《象》曰：婦人貞吉，從一而終也。夫子制義，從婦凶也。

〔一〕居得尊位，爲恒之主，不能制義，而係應在二〔二〕，用心專貞，從唱而已。婦人之吉，夫子之凶也。

上六：振恒，凶。[一]
《象》曰："振恒"在上，大无功也。

〔一〕夫靜爲躁君，安爲動主。故安者上之所處也，靜者可久之道也。處卦之上，居動之極，以此爲恒，无施而得也。

〔一〕 雖勞无獲也 "獲"，底本及撫州本作"復"，今據天禄琳琅本、南宋建陽本、南宋八行注疏本、岳本改。
〔二〕 而係應在二 "二"，底本及撫州本作"上"，今據天禄琳琅本、南宋建陽本、南宋八行注疏本、岳本改。

遯

☰ 艮下乾上

遯：亨，小利貞。

《彖》曰："遯亨"，遯而亨也。[一] 剛當位而應，與時行也。[二] "小利貞"，浸而長也。[三] 遯之時義大矣哉！

《象》曰：天下有山，遯。[四] 君子以遠小人，不惡而嚴。

[一] 遯之爲義，遯乃通也。
[二] 謂五也。"剛當位而應"，非否亢也。遯不否亢，能與時行也。
[三] 陰道欲浸而長，正道亦未全滅，故"小利貞"也。
[四] "天下有山"，陰長之象。

初六：遯尾，厲，勿用有攸往。[一]
《象》曰："遯尾"之厲，不往何災也。

[一] 遯之爲義，辟内而之外者也；尾之爲物，最在體後者也。處遯之時，不往何災，而爲遯尾，禍所及也。危至而後求行，難可免乎？"厲"則"勿用有攸往"也。

六二：執之用黄牛之革，莫之勝説。[一]
《象》曰：執用黄牛，固志也。

[一] 居内處中，爲遯之主。物皆遯己，何以固之？若能執乎理中厚順之道以固之也，則莫之勝解。

119

九三：係遯，有疾厲。畜臣妾，吉。[一]

《象》曰："係遯"之厲，有疾憊也。"畜臣妾，吉"，不可大事也。

[一] 在內近二，以陽附陰，宜遯而係，故曰"係遯"。遯之爲義，宜遠小人；以陽附陰，係於所在，不能遠害，亦已憊矣，宜其屈辱而危厲也。係於所在，畜臣妾可也。施於大事，凶之道也。

九四：好遯，君子吉，小人否。[一]

《象》曰：君子好遯，小人否也。[二]

[一] 處於外而有應於內。君子好遯，故能舍之；小人繫戀，是以否也。
[二] 音"臧否"之"否"。

九五：嘉遯，貞吉。[一]

《象》曰："嘉遯，貞吉"，以正志也。

[一] 遯而得正，反制於內。小人應命，率正其志。不惡而嚴，得正之吉，遯之嘉也。

上九：肥遯，无不利。[一]

《象》曰："肥遯，无不利"，无所疑也。

[一] 最處外極，无應於內，超然絕志，心无疑顧，憂患不能累，矰繳不能及，是以"肥遯，无不利"也。

大　壯

☷ 乾下震上

大壯：利貞。

《彖》曰：大壯，大者壯也。[一] 剛以動，故壯。"大壯，利貞"，大者正也，正大而天地之情可見矣。[二]

《象》曰：雷在天上，大壯。[三] 君子以非禮弗履。[四]

[一] 大者謂陽爻，小道將滅，大者獲正，故"利貞"也。
[二] 天地之情，正大而已矣。弘正極大，則天地之情可見矣。
[三] 剛以動也。
[四] 壯而違禮則凶，凶則失壯也，故君子以"大壯"而順禮也。

初九：壯于趾，征凶有孚。[一]

《象》曰："壯于趾"，其孚窮也。[二]

[一] 夫得大壯者，必能自終成也，未有陵犯於物而得終其壯者。在下而壯，故曰"壯于趾"也。居下而用剛壯，以斯而進，窮凶可必也，故曰"征凶有孚"。
[二] 言其信窮。

九二：貞吉。[一]

《象》曰：九二"貞吉"，以中也。

[一] 居得中位，以陽居陰，履謙不亢，是以貞吉。

九三：小人用壯，君子用罔，貞厲。羝羊觸藩，羸其角。[一]

《象》曰："小人用壯"，君子罔也。

[一] 處健之極，以陽處陽，用其壯者也。故小人用之以爲壯，君子用之以爲羅己者也。貞厲以壯，雖復羝羊，以之觸藩，能无羸乎？

九四：貞吉，悔亡。藩決不羸，壯于大輿之輹。[一]

《象》曰："藩決不羸"，尚往也。

[一] 下剛而進，將有憂虞，而以陽處陰，行不違謙，不失其壯，故得"貞吉"而"悔亡"也。已得其壯，而上陰不罔己路，故"藩決不羸"也。"壯于大輿之輹"，无有能説其輹者，可以往也。

六五：喪羊于易，无悔。[一]

《象》曰："喪羊于易"，位不當也。

[一] 居於大壯，以陽處陽，猶不免咎，而況以陰處陽，以柔乘剛者乎。羊，壯也。必喪其羊，失其所居也。能喪壯于易，不于險難，故得"无悔"。二履貞吉，能幹其任，而己委焉，則得"无悔"。委之則難不至，居之則敵寇來，故曰"喪羊于易"。

上六：羝羊觸藩，不能退，不能遂。无攸利，艱則吉。[一]

《象》曰:"不能退,不能遂",不詳也。"艱則吉",咎不長也。

[一]有應於三,故"不能退";懼於剛長,故"不能遂"。持疑猶豫,志无所定,以斯決事,未見所利。雖處剛長,剛不害正。苟定其分,固志在一,以斯自處,則憂患消亡,故曰"艱則吉"也。

晉

☷ 坤下離上

晉：康侯用錫馬蕃庶，晝日三接。

《彖》曰：晉，進也。明出地上，順而麗乎大明，柔進而上行。[一] 是以"康侯用錫馬蕃庶，晝日三接"也。[二]

《象》曰："明出地上"，晉。君子以自昭明德。[三]

[一] 凡言"上行"者，所之在貴也。

[二] 康，美之名也。順以著明，臣之道也。"柔進而上行"，物所與也，故得錫馬而蕃庶。以訟受服，則終朝三褫；柔進受寵，則一晝三接也。

[三] 以順著明，自顯之道。

初六：晉如摧如，貞吉。罔孚。裕无咎。[一]

《象》曰："晉如摧如"，獨行正也。"裕无咎"，未受命也。[二]

[一] 處順之初，應明之始。明順之德，於斯將隆。進明退順，不失其正，故曰"晉如摧如，貞吉"也。處卦之始，功業未著，物未之信[1]，故曰"罔孚"。方踐卦始，未至履位，以此爲足，自喪其長者也。故必裕之，然後无咎。

[二] 未得履位，"未受命也"。

---

[1] 物未之信 "信"，底本及撫州本作"言"，今據天祿琳瑯本、南宋建陽本、南宋八行注疏本、岳本改。

六二：晉如愁如。貞吉，受茲介福于其王母。[一]
《象》曰："受茲介福"，以中正也。

[一] 進而无應，其德不昭，故曰"晉如愁如"。居中得位，履順而正，不以无應而回其志，處晦能致其誠者也。脩德以斯，聞乎幽昧，得正之吉也，故曰"貞吉"。母者，處內而成德者也。鳴鶴在陰，則其子和之。立誠於闇，闇亦應之。故其初愁如，履貞不回，則乃受茲大福于其王母也。

六三：眾允，悔亡。[一]
《象》曰：眾允之，志上行也。

[一] 處非其位，悔也。志在上行，與眾同信，順而麗明，故得"悔亡"也。

九四：晉如鼫鼠，貞厲。[一]
《象》曰："鼫鼠貞厲"，位不當也。

[一] 履非其位，上承於五，下據三陰。履非其位，又負且乘，无業可安，志无所據。以斯爲進，正之危也。進如鼫鼠，无所守也。

六五：悔亡。失得勿恤，往吉无不利。[一]
《象》曰："失得勿恤"，往有慶也。

[一] 柔得尊位，陰爲明主，能不用察，不代下任也。故雖不當位，

能消其悔。失得勿恤，各有其司，術斯以往，无不利也。

上九：晉其角。維用伐邑，厲吉，无咎。貞吝。[一]
《象》曰："維用伐邑"，道未光也。

[一] 處進之極，過明之中，明將夷焉。已在乎角，而猶進之，非
    亢如何？失夫道化无爲之事，必須攻伐，然後服邑。危乃得
    吉，吉乃无咎。用斯爲正，亦以賤矣。

明　夷

䷣ 離下坤上

明夷：利艱貞。

《彖》曰：明入地中，明夷。内文明而外柔順，以蒙大難，文王以之。"利艱貞"，晦其明也。内難而能正其志，箕子以之。

《象》曰："明入地中，明夷"，君子以莅衆，[一] 用晦而明。[二]

[一] 莅衆顯明，蔽僞百姓者也。故以蒙養正，以明夷莅衆。

[二] 藏明於内，乃得明也；顯明於外，乃所辟也[一]。

初九：明夷于飛，垂其翼。君子于行，三日不食。有攸往，主人有言。[一]

《象》曰："君子于行"，義不食也。

[一] 明夷之主，在於上六，上六爲至闇者也。初處卦之始，最遠於難也。遠難過甚，明夷遠遯，絶跡匿形，不由軌路，故曰"明夷于飛"。懷懼而行，行不敢顯，故曰"垂其翼"也。

[一] 乃所辟也　"乃"，撫州本、天祿琳瑯本、南宋建陽本同，南宋八行注疏本、岳本作"巧"。按：《四部叢刊》本《群書治要》卷一、明刻《東坡易傳》皆引作"乃"，是"乃"字異文產生甚早。然作"巧"與上"乃"字重複，且於句意不協；又考王注《道德經》及此《周易》，民以巧僞避爲政者之智術，乃輔嗣常語。反復推詳，"巧"字近正，樓宇烈注本亦謂宜作"巧"。

127

尚義而行，故曰"君子于行"也。志急於行，饑不遑食，故曰"三日不食"也。殊類過甚，以斯適人，人必疑之，故曰"有攸往，主人有言"。

六二：明夷，夷于左股。用拯馬，壯吉。[一]
《象》曰：六二之吉，順以則也。[二]

[一]"夷于左股"，示行不能壯也。以柔居中，用夷其明，進不殊類，退不近難，不見疑憚，順以則也，故可用拯馬而壯吉也。不垂其翼，然後乃免也。
[二]順之以則，故不見疑。

九三：明夷于南狩，得其大首，不可疾貞。[一]
《象》曰：南狩之志，乃大得也。[二]

[一]處下體之上，居文明之極。上爲至晦，入地之物也。故夷其明，以獲南狩，得大首也。南狩者，發其明也。既誅其主，將正其民。民之迷也，其日固已久矣，化宜以漸，不可速正，故曰"不可疾貞"。
[二]去闇主也。

六四：入于左腹，獲明夷之心，于出門庭。[一]
《象》曰："入于左腹"，獲心意也。

[一]左者，取其順也。"入于左腹"，得其心意，故雖近不危。雖

時辟難〔一〕，門庭而已，能不逆忤也。

六五：箕子之明夷，利貞。[一]
《象》曰：箕子之貞，明不可息也。

[一] 最近於晦，與難爲比，險莫如茲。而在斯中，猶闇不能没，明不可息，正不憂危，故"利貞"也。

上六：不明晦，初登于天，後入于地。[一]
《象》曰："初登于天"，照四國也。"後入于地"，失則也。

[一] 處明夷之極，是至晦者也。本其初也，在乎光照；轉至於晦，遂入于地。

〔一〕 雖時辟難 "雖"，撫州本、天祿琳瑯本、南宋建陽本、岳本、南宋八行注疏本及《周易義海撮要》所引同。然《正義》引作"隨"，俗本遂據以臆改。其實"隨時辟難"頗不成文句。"雖時辟難，門庭而已"，謂六四雖值辟難之時，而僅出門庭，去君未遠，猶爲順臣；若遠遯山林，則疑於忤逆。作"雖"是。

家　人

☲ 離下巽上

家人：利女貞。[一]

《彖》曰：家人，女正位乎內，[二] 男正位乎外，[三] 男女正，天地之大義也。家人有嚴君焉，父母之謂也。父父、子子、兄兄、弟弟、夫夫、婦婦而家道正，正家而天下定矣。

《象》曰：風自火出，家人。[四] 君子以言有物而行有恆。[五]

[一] 家人之義，各自脩一家之道，不能知家外他人之事也。統而論之，非元亨利君子之貞，故"利女貞"。其正在家內而已。

[二] 謂二也。

[三] 謂五也。家人之義，以內爲本，故先說女也。

[四] 由內以相成熾也。

[五] 家人之道，脩於近小而不妄也。故君子以言必有物而口无擇言，行必有恆而身无擇行。

初九：閑有家，悔亡。[一]

《象》曰："閑有家"，志未變也。

[一] 凡教在初而法在始，家瀆而後嚴之，志變而後治之，則悔矣。處家人之初，爲家人之始，故宜必以"閑有家"，然後"悔亡"也。

六二：无攸遂，在中饋，貞吉。[一]

《象》曰：六二之吉，順以巽也。

［一］居內處中，履得其位，以陰應陽。盡婦人之正，義无所必；遂職乎中饋，巽順而已，是以"貞吉"也。

九三：家人嗃嗃，悔厲，吉。婦子嘻嘻，終吝。[一]
《象》曰："家人嗃嗃"，未失也。"婦子嘻嘻"，失家節也。

［一］以陽處陽，剛嚴者也。處下體之極，爲一家之長者也。行與其慢，寧過乎恭；家與其瀆，寧過乎嚴。是以家人雖"嗃嗃悔厲"，猶得其道；"婦子嘻嘻"，乃失其節也。

六四：富家，大吉。[一]
《象》曰："富家，大吉"，順在位也。

［一］能以其富，順而處位，故"大吉"也。若但能富其家，何足爲大吉。體柔居巽，履得其位，明於家道，以近至尊，能富其家也。

九五：王假有家，勿恤，吉。[一]
《象》曰："王假有家"，交相愛也。

［一］假，至也。履正而應，處尊體巽，王至斯道，以有其家者也。居於尊位，而明於家道，則下莫不化矣。父父、子子、兄兄、弟弟、夫夫、婦婦，六親和睦，交相愛樂而家道正，正家而天下定矣。故"王假有家"，則勿恤而吉。

上九：有孚，威如，終吉。[一]

《象》曰："威如"之吉，反身之謂也。

[一] 處家人之終，居家道之成，刑于寡妻，以著於外者也，故曰"有孚"。凡物以猛爲本者，則患在寡恩；以愛爲本者，則患在寡威。故家人之道尚威嚴也。家道可終，唯信與威。身得威敬，人亦如之。反之於身，則知施於人也。

睽

☱兌下離上

睽：小事吉。

《彖》曰：睽，火動而上，澤動而下。二女同居，其志不同行。説而麗乎明，柔進而上行，得中而應乎剛，是以"小事吉"。[一]天地睽而其事同也，男女睽而其志通也，萬物睽而其事類也。睽之時用大矣哉！[二]

《象》曰：上火下澤，睽。君子以同而異。[三]

[一] 事皆相違，害之道也，何由得小事吉？以有此三德也。
[二] 睽離之時，非小人之所能用也。
[三] 同於通理，異於職事。

初九：悔亡。喪馬，勿逐，自復。見惡人，无咎。[一]
《象》曰："見惡人"，以辟咎也。

[一] 處睽之初，居下體之下，无應獨立，悔也。與四合志，故得"悔亡"。馬者，必顯之物。處物之始，乖而喪其馬，物莫能同其私，必相顯也，故勿逐而自復也。時方乖離，而位乎窮下，上无應可援，下无權可恃，顯德自異，爲惡所害，故見惡人乃得免咎也。

九二：遇主于巷，无咎。[一]
《象》曰："遇主于巷"，未失道也。

[一] 處睽失位，將无所安，然五亦失位。俱求其黨，出門同趣，不期而遇，故曰"遇主于巷"也。處睽得援，雖失其位，未失道也。

六三：見輿曳，其牛掣。其人天且劓，无初有終。[一]
《象》曰："見輿曳"，位不當也。"无初有終"，遇剛也。

[一] 凡物近而不相得，則凶。處睽之時，履非其位，以陰居陽，以柔乘剛。志在於上，而不和於四；二應於五，則近而不相比，故"見輿曳"。"輿曳"者，履非其位，失所載也。"其牛掣"者，滯隔所在[一]，不獲進也。"其人天且劓"者，四從上取，二從下取；而應在上九，執志不回。初雖受困，終獲剛助。

九四：睽孤，遇元夫。交孚，厲，无咎。[一]
《象》曰："交孚，无咎"，志行也。

[一] 无應獨處，五自應二，三與己睽，故曰"睽孤"也。初亦无應特立。處睽之時，俱在獨立，同處體下，同志者也。而己失位，比於三、五，皆與己乖，處无所安，故求其疇類而自託焉，故曰"遇元夫"也。同志相得而无疑焉，故曰"交孚"也。雖在乖隔，志故得行，故雖危无咎。

〔一〕滯隔所在　"隔"，底本及撫州本原作"陽"，今據敦煌本（伯三六八三）、天祿琳瑯本、南宋建陽本、岳本、南宋八行注疏本改。

六五：悔亡。厥宗噬膚，往何咎。[一]

《象》曰："厥宗噬膚"，往有慶也。

[一] 非位，悔也；有應，故亡。"厥宗"，謂二也。"噬膚"者，齧柔也。三雖比二，二之所噬，非妨己應者也。以斯而往，何咎之有，往必合也。

上九：睽孤。見豕負塗，載鬼一車，先張之弧，後說之弧。匪寇婚媾，往遇雨則吉。[一]

《象》曰：遇雨之吉，群疑亡也。

[一] 處睽之極，睽道未通，故曰"睽孤"。己居炎極，三處澤盛，睽之極也。以文明之極，而觀至穢之物，睽之甚也。豕而負塗，穢莫過焉。至睽將合，至殊將通，恢詭譎怪，道將爲一。未至於洽，先見殊怪。故"見豕負塗"，甚可穢也；見鬼盈車，吁可怪也。"先張之弧"，將攻害也；"後說之弧"，睽怪通也。四剋其應，故爲寇也。睽志將通，"匪寇婚媾"。往不失時，睽疑亡也。貴於遇雨，和陰陽也。陰陽既和，群疑亡也。

蹇

☷ 艮下坎上

蹇：利西南，不利東北。[一] 利見大人。[二] 貞吉。[三]

《彖》曰：蹇，難也，險在前也。見險而能止，知矣哉。"蹇利西南"，往得中也。"不利東北"，其道窮也。"利見大人"，往有功也。當位"貞吉"，以正邦也。蹇之時用大矣哉！[四]

《象》曰：山上有水，蹇。[五] 君子以反身修德。[六]

[一] 西南，地也。東北，山也。以難之平則難解，以難之山則道窮。
[二] 往則濟也。
[三] 爻皆當位，各履其正。居難履正，正邦之道也。正道未否，難由正濟，故"貞吉"也。遇難失正，吉可得乎？
[四] 蹇難之時，非小人之所能用也。
[五] 山上有水，蹇難之象。
[六] 除難莫若反身修德〔一〕。

初六：往蹇，來譽。[一]
《象》曰："往蹇來譽"，宜待也。

[一] 處難之始，居止之初，獨見前識，覩險而止，以待其時，知矣哉。故往則遇蹇，來則得譽。

〔一〕 除難莫若反身修德 "除"，底本及撫州本原作"險"，今據天祿琳瑯本、南宋建陽本、岳本、南宋八行注疏本改。

六二：王臣蹇蹇，匪躬之故。[一]
《象》曰："王臣蹇蹇"，終无尤也。

[一] 處難之時，履當其位，居不失中，以應於五，不以五在難
中，私身遠害，執心不回，志匡王室者也。故曰"王臣蹇
蹇，匪躬之故"。履中行義，以存其上，處蹇以此，未見其
尤也。

九三：往蹇，來反。[一]
《象》曰："往蹇來反"，內喜之也。

[一] 進則入險，來則得位，故曰"往蹇來反"。爲下卦之主，是
內之所恃也。

六四：往蹇，來連。[一]
《象》曰："往蹇來連"，當位實也。

[一] 往則无應，來則乘剛，往來皆難，故曰"往蹇來連"。得位
履正，當其本實，雖遇於難，非妄所招也。

九五：大蹇，朋來。[一]
《象》曰："大蹇朋來"，以中節也。

[一] 處難之時，獨在險中，難之大者也，故曰"大蹇"。然居不
失正，履不失中，執德之長，不改其節，如此則同志者集而
至矣，故曰"朋來"也。

上六：往蹇來碩，吉。利見大人。[一]

《象》曰："往蹇來碩"，志在內也。[二]"利見大人"，以從貴也。

[一] 往則長難，來則難終。難終則衆難皆濟，志大得矣，故曰"往蹇來碩吉"。險夷難解，大道可興，故曰"利見大人"也。

[二] 有應在內，往則失之。來則志獲，志在內也。

解

☳ 坎下震上

解：利西南。[一]无所往，其來復吉；有攸往，夙吉。[二]

《彖》曰：解，險以動，動而免乎險，解。[三]"解，利西南"，往得衆也。"其來復吉"，乃得中也。"有攸往，夙吉"，往有功也。天地解而雷雨作，雷雨作而百果草木皆甲坼。[四]解之時大矣哉！[五]

《象》曰：雷雨作，解。君子以赦過宥罪。

[一] 西南，衆也。解難濟險，利施於衆也。亦不困于東北，故不言"不利東北"也。

[二] 未有善於解難而迷於處安也。解之爲義，解難而濟厄者也。无難可往，以解來復則不失中；有難而往，則以速爲吉也。无難則能復其中，有難則能濟其厄也。

[三] 動乎險外，故謂之"免"。免險則解，故謂之"解"。

[四] 天地否結則雷雨不作，交通感散，雷雨乃作也。雷雨之作，則險厄者亨，否結者散，故"百果草木皆甲坼"也。

[五] 无所而不釋也。難解之時，非治難時，故不言"用"。體盡於解之名，无有幽隱，故不曰"義"。

初六：无咎。[一]

《象》曰：剛柔之際，義无咎也。[二]

[一] 解者，解也。屯難盤結，於是乎解也。處寒難始解之初，在

剛柔始散之際，將赦罪厄，以夷其險。處此之時，不煩於位而无咎也。

［二］或有過咎，非其理也。義，猶理也。

九二：田獲三狐，得黃矢，貞吉。[一]
《象》曰：九二"貞吉"，得中道也。

［一］狐者，隱伏之物也。剛中而應，爲五所任，處於險中，知險之情，以斯解物，能獲隱伏也，故曰"田獲三狐"也。黃，理中之稱也。矢，直也。田而獲三狐，得乎理中之道，不失枉直之實，能全其正者也，故曰"田獲三狐，得黃矢，貞吉"也。

六三：負且乘，致寇至，貞吝。[一]
《象》曰："負且乘"，亦可醜也。自我致戎，又誰咎也？

［一］處非其位，履非其正，以附於四，用夫柔邪以自媚者也。乘二負四，以容其身。寇之來也，自己所致，雖幸而免，正之所賤也。

九四：解而拇，朋至斯孚。[一]
《象》曰："解而拇"，未當位也。

［一］失位不正，而比於三，故三得附之爲其拇也。三爲之拇，則失初之應，故解其拇，然後朋至而信矣。

140

六五：君子維有解，吉。有孚于小人。[一]
《象》曰：君子有解，小人退也。

[一] 居尊履中而應乎剛，可以有解而獲吉矣。以君子之道解難釋
　　 險，小人雖闇，猶知服之而无怨矣。故曰"有孚于小人"也。

上六：公用射隼于高墉之上，獲之，无不利。[一]
《象》曰："公用射隼"，以解悖也。

[一] 初爲四應，二爲五應。三不應上，失位負乘。處下體之上，
　　 故曰"高墉"。墉非隼之所處，高非三之所履。上六居動之
　　 上，爲解之極，將解荒悖而除穢亂者也，故用射之。極而後
　　 動，成而後舉，故必獲之而无不利也。

損

☲ 兑下艮上

損：有孚，元吉，无咎可貞，利有攸往。曷之用？二簋可用享。

《彖》曰：損，損下益上，其道上行。[一] 損而有孚，"元吉，无咎可貞，利有攸往"。[二] "曷之用？[三] 二簋可用享"。[四] 二簋應有時，[五] 損剛益柔有時。[六] 損益盈虛，與時偕行。[七]

《象》曰：山下有澤，損。[八] 君子以懲忿窒欲。[九]

[一] 艮爲陽，兑爲陰。凡陰，順於陽者也。陽止於上，陰説而順，損下益上，上行之義也。

[二] 損之爲道，"損下益上"，損剛益柔也。損下益上，非補不足也。"損剛益柔"，非長君子之道也。爲損而可以獲吉，其唯有孚乎？"損而有孚"，則"元吉"、"无咎"而可正，"利有攸往"矣。"損剛益柔"，不以消剛。"損下益上"，不以盈上，損剛而不爲邪，益上而不爲諂，則何咎而可正？雖不能拯濟大難，以斯有往，物无距也。

[三] 曷，辭也。"曷之用"，言何用豐爲也。

[四] 二簋，質薄之器也。行損以信，雖二簋而可用享。

[五] 至約之道，不可常也。

[六] 下不敢剛，貴於上行，"損剛益柔"之謂也。剛爲德長，損之不可以爲常也。

[七] 自然之質，各定其分。短者不爲不足，長者不爲有餘，損益將何加焉？非道之常，故必與時偕行也。

［八］山下有澤，損之象也。

［九］可損之善，莫善忿欲也。

初九：已事遄往，无咎，酌損之。[一]

《象》曰："已事遄往"，尚合志也。[二]

［一］損之爲道，損下益上，損剛益柔，以應其時者也。居於下極，損剛奉柔，則不可以逸；處損之始，則不可以盈。事已則往，不敢宴安，乃獲无咎也。剛以奉柔，雖免乎咎，猶未親也。故既獲无咎，復自酌損，乃得合志也。遄，速也。

［二］尚合於志，欲速往也。

九二：利貞，征凶。弗損，益之。[一]

《象》曰：九二利貞，中以爲志也。

［一］柔不可全益，剛不可全削，下不可以无正。初九已損剛以順柔，九二履中，而復損己以益柔，則剝道成焉，故不可遄往，而利貞也。進之乎柔，則凶矣，故曰"征凶"也。故九二不損而務益，以中爲志也。

六三：三人行則損一人，一人行則得其友。[一]

《象》曰："一人行"，三則疑也。

［一］損之爲道，損下益上，其道上行。三人，謂自六三已上三陰也。三陰並行，以承於上，則上失其友，内无其主，名之曰

益，其實乃損。故天地相應，乃得化淳；男女匹配，乃得化生。陰陽不對，生可得乎？故六三獨行，乃得其友。三陰俱行，則必疑矣。

六四：損其疾，使遄有喜，无咎。[一]
《象》曰："損其疾"，亦可喜也。

[一] 履得其位，以柔納剛，能損其疾也。疾何可久？故速乃有喜。損疾以離其咎，有喜乃免，故使速乃有喜，有喜乃无咎也。

六五：或益之，十朋之龜弗克違，元吉。[一]
《象》曰：六五元吉，自上祐也。

[一] 以柔居尊而爲損道。江海處下，百谷歸之，履尊以損，則或益之矣。朋，黨也。龜者，決疑之物也。陰非先唱，柔非自任。尊以自居，損以守之。故人用其力，事竭其功，智者慮能，明者慮策，弗能違也，則衆才之用盡矣。獲益而得十朋之龜，足以盡天人之助也。

上九：弗損，益之，无咎。貞吉，利有攸往。得臣，无家。[一]
《象》曰："弗損益之"，大得志也。

[一] 處損之終，上无所奉，損終反益。剛德不損，乃反益之，而不憂於咎。用正而吉，不制於柔，剛德遂長，故曰"弗損，

益之,无咎。貞吉,利有攸往"也。居上乘柔,處損之極,尚夫剛德,爲物所歸,故曰"得臣"。得臣則天下爲一,故"无家"也。

益

☷ 震下巽上

益：利有攸往，利涉大川。

《彖》曰：益，損上益下，民説无疆。[一] 自上下下，其道大光。"利有攸往"，中正有慶。[二] "利涉大川"，木道乃行。[三] 益動而巽，日進无疆。天施地生，其益无方。[四] 凡益之道，與時偕行。[五]

《象》曰：風雷，益。君子以見善則遷，有過則改。[六]

[一] 震，陽也。巽，陰也。巽非違震者也。處上而巽，不違於下，損上益下之謂也。

[二] 五處中正，自上下下，故"有慶"也。以中正有慶之德，有攸往也，何適而不利哉。

[三] 木者，以涉大川爲常而不溺者也。以益涉難，同乎木也。

[四] 損上益下。

[五] 益之爲用，施未足也。滿而益之，害之道也。故"凡益之道，與時偕行"也。

[六] 遷善改過，益莫大焉。

初九：利用爲大作，元吉，无咎。[一]

《象》曰："元吉，无咎"，下不厚事也。[二]

[一] 處益之初，居動之始。體夫剛德，以蒞其事，而之乎巽。以斯大作，必獲大功。夫居下非厚事之地，在卑非任重之處，

大作非小功所濟，故"元吉"乃得"无咎"也。

[二] 時可以大作，而下不可以厚事，得其時而无其處，故"元吉"乃得"无咎"也。

六二：或益之，十朋之龜弗克違，永貞吉。王用享于帝，吉。[一]

《象》曰："或益之"，自外來也。

[一] 以柔居中，而得其位。處內履中，居益以沖。益自外來，不召自至。不先不爲，則朋龜獻策，同於損卦六五之位。位不當尊，故吉在"永貞"也。帝者，生物之主，興益之宗，出震而齊巽者也。六二居益之中，體柔當位，而應於巽，享帝之美，在此時也。

六三：益之。用凶事，无咎。有孚中行，告公用圭。[一]
《象》曰：益用凶事，固有之也。[二]

[一] 以陰居陽，求益者也，故曰"益之"。益不外來，己自爲之，物所不與。故在謙則戮，救凶則免。以陰居陽，處下卦之上，壯之甚也。用救衰危，物所恃也，故"用凶事"，乃得"无咎"也。若能益不爲私，志在救難，壯不至亢，不失中行，以此告公，國主所任也。用圭之禮，備此道矣，故曰"有孚中行，告公用圭"也。公者，臣之極也。凡事足以施天下，則稱王；次天下之大者，則稱公。六三之才，不足以告王，足以告公，而得用圭也，故曰"中行告公用圭"也。

[二] 用施凶事，乃得固有之也。

六四：中行，告公從，利用爲依遷國。[一]
《象》曰："告公從"，以益志也。[二]

[一] 居益之時，處巽之始，體柔當位，在上應下。卑不窮下，高不處元，位雖不中，用中行者也。以斯告公，何有不從？以斯依遷，誰有不納也？

[二] 志得益也。

九五：有孚，惠心。勿問，元吉，有孚，惠我德。[一]
《象》曰："有孚惠心"，勿問之矣。"惠我德"，大得志也。

[一] 得位履尊，爲益之主者也。爲益之大，莫大於信。爲惠之大，莫大於心。因民所利而利之焉，惠而不費，惠心者也。信以惠心，盡物之願，故不待問而"元吉，有孚，惠我德"也。以誠惠物，物亦應之，故曰"有孚，惠我德"也。

上九：莫益之，或擊之，立心勿恒，凶。[一]
《象》曰："莫益之"，偏辭也。"或擊之"，自外來也。

[一] 處益之極，過盈者也。求益无已，心无恒者也。无厭之求，人弗與也。獨唱莫和，是偏辭也。人道惡盈，怨者非一，故曰"或擊之"也。

周易下經夬傳第五

周易下經夬傳第五

王　弼　注

夬

☰ 乾下兑上

夬：揚于王庭，孚號有厲。告自邑，不利即戎。利有攸往。[一]

《彖》曰：夬，決也，剛決柔也。健而説，決而和。[二]"揚于王庭"，柔乘五剛也。[三]"孚號有厲"，其危乃光也。[四]"告自邑，不利即戎"，所尚乃窮也。[五]"利有攸往"，剛長乃終也。[六]

《象》曰：澤上於天，夬。君子以施禄及下，居德則忌。[七]

[一] 夬與剝反者也。剝以柔變剛，至於剛幾盡；夬以剛決柔，如剝之消剛。剛隕則君子道消，柔消則小人道隕。君子道消，則剛正之德不可得直道而用，刑罰之威不可得坦然而行。"揚于王庭"，其道公也。

[二] "健而説"，則"決而和"矣。

[三] 剛德齊長，一柔爲逆，衆所同誅而无忌者也，故可"揚于王庭"。

[四] 剛正明信，以宣其令，則柔邪者危，故曰"其危乃光也"。

[五] 以剛斷制，告令可也。"告自邑"，謂行令於邑也。用剛即戎，尚力取勝也。尚力取勝，物所同疾也。

［六］剛德愈長，柔邪愈消，故"利有攸往"，道乃成也。
［七］"澤上於天"，夬之象也。澤上於天，必來下潤，"施祿及下"之義也。夬者，明法而決斷之象也。忌，禁也。法明斷嚴，不可以慢，故居德以明禁也。施而能嚴，嚴而能施，健而能説，決而能和，美之道也。

初九：壯于前趾，往不勝，爲咎。[一]
《象》曰：不勝而往，咎也。[二]

［一］居健之初，爲決之始，宜審其策，以行其事。壯其前趾，往而不勝，宜其咎也。
［二］不勝之理，在往前也。

九二：惕號，莫夜有戎，勿恤。[一]
《象》曰："有戎勿恤"，得中道也。

［一］居健履中，以斯決事，能審己度而不疑者也。故雖有惕懼號呼，莫夜有戎；不憂不惑，故"勿恤"也。

九三：壯于頄，有凶。君子夬夬；獨行，遇雨若濡，有慍，无咎。[一]
《象》曰："君子夬夬"，終无咎也。

［一］頄，面權也，謂上六也。最處體上，故曰"權"也。剝之六三，以應陽爲善。夫剛長則君子道興，陰盛則小人道長。然則處陰長而助陽則善，處剛長而助柔則凶矣。夬爲剛長，

而三獨應上六，助於小人，是以凶也。君子處之，必能棄夫情累，決之不疑，故曰"夬夬"也。若不與衆陽爲羣，而獨行殊志，應於小人，則受其困焉。"遇雨若濡"，有恨而无所咎也。

九四：臀无膚，其行次且。牽羊，悔亡，聞言不信。[一]
《象》曰："其行次且"，位不當也。"聞言不信"，聰不明也。[二]

[一] 下剛而進，非己所據，必見侵食[一]，失其所安，故"臀无膚，其行次且"也。羊者，抵很難移之物，謂五也。五爲夬主，非下所侵。若牽於五，則可得"悔亡"而已。剛亢不能納言，自任所處，"聞言不信"，以斯而行，凶可知矣。

[二] 同於"噬嗑""滅耳"之凶。

九五：莧陸夬夬，中行无咎。[一]
《象》曰："中行无咎"，中未光也。

[一] 莧陸，草之柔脆者也。決之至易，故曰"夬夬"也。夬之爲義，以剛決柔，以君子除小人者也。而五處尊位，最比小

〔一〕 必見侵食 "食"，阮元《校勘記》出"侵傷"，謂："岳本、閩、監、毛本同，宋本、古本、足利本傷作'食'。按《正義》本作'傷'。"今按：天祿琳琅本、南宋建陽本、南宋八行注疏本、岳本皆作"食"，殿本校勘者據《正義》改作"傷"。又敦煌本（伯三六四〇）及《周易義海撮要》所引亦作"食"。詳考王注，"臀无膚"，謂膚被侵食，故无膚而失所安。此猶噬嗑卦之"噬膚"。噬嗑，食也，輔嗣彼注嘗以"食"說"噬"。宋本《正義》雖曰"必見侵傷"，然王注自有其義，不得據《正義》妄改。

153

人，躬自決者也。以至尊而敵至賤，雖其克勝，未足多也。處中而行，足以免咎而已，未足光也。

上六：无號，終有凶。[一]

《象》曰："无號"之凶，終不可長也。

[一] 處夬之極，小人在上，君子道長，衆所共棄，故非號咷所能延也。

姤

☰ 巽下乾上

姤：女壯，勿用取女。

《彖》曰：姤，遇也，柔遇剛也。[一]"勿用取女"，不可與長也。天地相遇，品物咸章也。[二]剛遇中正，天下大行也。[三]姤之時義大矣哉！[四]

《象》曰：天下有風，姤。后以施命誥四方。

[一] 施之於人，即女遇男也。一女而遇五男，爲壯至甚，故不可取也。

[二] 匹乃功成也。

[三] 化乃大行也。

[四] 凡言義者，不盡於所見，中有意謂者也。

初六：繫于金柅，貞吉。有攸往，見凶。羸豕孚，蹢躅。[一]

《象》曰："繫于金柅"，柔道牽也。

[一] 金者，堅剛之物。柅者，制動之主，謂九四也。初六處遇之始，以一柔而承五剛，體夫躁質，得遇而通，散而无主，自縱者也。柔之爲物，不可以不牽；臣妾之道，不可以不貞。故必繫于正應，乃得"貞吉"也。若不牽于一，而有攸往行，則唯凶是見矣。羸豕，謂牝豕也。群豕之中，豭強而牝弱，故謂之"羸豕"也。孚，猶務躁也。夫陰質而躁恣者，

羸豕特甚焉。言以不貞之陰，失其所牽，其爲淫醜，若羸豕之孚，務躑躅也。

九二：包有魚，无咎，不利賓。[一]
《象》曰："包有魚"，義不及賓也。

[一] 初陰而窮下，故稱魚。不正之陰，處遇之始，不能逆近者也。初自樂來，應己之廚，非爲犯奪，故"无咎"也。擅人之物，以爲己惠，義所不爲，故"不利賓"也。

九三：臀无膚，其行次且，厲，无大咎。[一]
《象》曰："其行次且"，行未牽也。

[一] 處下體之極，而二據於初，不爲己乘，居不獲安，行无其應，不能牽據，以固所處，故曰"臀无膚，其行次且"也。然履得其位，非爲妄處，不遇其時，故使危厲。災非己招，是以"无大咎"也。

九四：包无魚，起凶。[一]
《象》曰：无魚之凶，遠民也。

[一] 二有其魚，故失之也。无民而動，失應而作，是以凶也。

九五：以杞、包瓜，含章。有隕自天。[一]
《象》曰：九五含章，中正也。"有隕自天"，志不舍命也。

[一] 杞之爲物，生於肥地者也。包瓜爲物，繫而不食者也。九五履得尊位，而不遇其應，得地而不食，含章而未發，不遇其應，命未流行。然處得其所，體剛居中，志不舍命，不可傾隕，故曰"有隕自天"也。

上九：姤其角，吝，无咎。[一]
《象》曰："姤其角"，上窮吝也。

[一] 進之於極，无所復遇，遇角而已，故曰"姤其角"也。進而无遇，獨恨而已，不與物爭，其道不害，故无凶咎也。

萃

☷ 坤下兑上

萃：亨。^[一]王假有廟。^[二]利見大人，亨利貞。^[三]用大牲，吉。^[四]利有攸往。

《彖》曰：萃，聚也。順以説，剛中而應，故聚也。^[五]"王假有廟"，致孝享也。^[六]"利見大人，亨"，聚以正也。^[七]"用大牲，吉，利有攸往"，順天命也。^[八]觀其所聚，而天地萬物之情可見矣。^[九]

《象》曰：澤上於地，萃。君子以除戎器，戒不虞。^[一〇]

[一] 聚乃通也。

[二] 假，至也。王以聚至，有廟也。

[三] 聚得大人，乃得通而利正也。

[四] 全夫聚道，用大牲乃吉也。聚道不全，而用大牲，神不福也。

[五] 但順而説，則邪佞之道也；剛而違於中應，則強亢之德也。何由得聚？順説而以剛爲主，主剛而履中，履中以應，故得聚也。

[六] 全聚乃得致孝之享也。

[七] 大人，體中正者也。通聚以正，聚乃得全也。

[八] 順以説而不損剛，順天命者也。天德剛而不違中，順天則説，而以剛爲主也。

[九] 方以類聚，物以群分，情同而後乃聚，氣合而後乃群。

[一〇] 聚而无防，則衆生心。

初六：有孚不終，乃亂乃萃。若號，一握爲笑。勿恤，往无咎。[一]

《象》曰："乃亂乃萃"，其志亂也。

[一] 有應在四而三承之，心懷嫌疑，故"有孚不終"也。不能守道，以結至好，迷務競争，故"乃亂乃萃"也。一握者，小之貌也。爲笑者，懦劣之貌也。己爲正配，三以近寵，若安夫卑退，謙以自牧，則"勿恤"而"往无咎"也。

六二：引吉无咎，孚乃利用禴。[一]
《象》曰："引吉无咎"，中未變也。

[一] 居萃之時，體柔當位，處坤之中，己獨處正，與衆相殊。異操而聚，民之多僻，獨正者危。未能變體以遠於害，故必見引，然後乃吉而无咎也。禴，殷春祭名也，四時祭之省者也。居聚之時，處於中正，而行以忠信。故可以省薄薦於鬼神也。

六三：萃如嗟如，无攸利。往无咎，小吝。[一]
《象》曰："往无咎"，上巽也。

[一] 履非其位，以比於四，四亦失位，不正相聚。相聚不正，患所生也；干人之應，害所起也，故"萃如嗟如，无攸利"也。上六亦无應而獨立，處極而憂危，思援而求朋，巽以待物者也。與其萃於不正，不若之於同志，故可以往而无咎也。二陰相合，猶不若一陰一陽之至，故有"小吝"也。

九四：大吉，无咎。[一]
《象》曰："大吉无咎"，位不當也。

[一] 履非其位，而下據三陰，得其所據，失其所處。處聚之時，不正而據，故必"大吉"，立夫大功，然後"无咎"也。

九五：萃有位，无咎，匪孚。元永貞，悔亡。[一]
《象》曰："萃有位"，志未光也。

[一] 處聚之時，最得盛位，故曰"萃有位"也。四專而據，己德不行，自守而已，故曰"无咎，匪孚"。夫脩仁守正，久必悔消，故曰"元永貞，悔亡"。

上六：齎咨涕洟，无咎。[一]
《象》曰："齎咨涕洟"，未安上也。

[一] 處聚之時，居於上極，五非所乘，內无應援。處上獨立，近遠无助，危莫甚焉。齎咨，嗟歎之辭也。若能知危之至，懼禍之深，憂病之甚，至于涕洟，不敢自安，亦衆所不害，故得"无咎"也。

升

☷ 巽下坤上

升：元亨，用見大人，勿恤。[一] 南征吉。[二]

《彖》曰：柔以時升。[三] 巽而順，剛中而應，是以大亨。[四]"用見大人，勿恤"，有慶也。"南征吉"，志行也。[五]

《象》曰：地中生木，升。君子以順德，積小以高大。

[一] 巽順可以升，陽爻不當尊位，无嚴剛之正，則未免於憂，故"用見大人"，乃"勿恤"也。

[二] 以柔之南，則麗乎大明也。

[三] 柔以其時，乃得升也。

[四] 純柔則不能自升，剛亢則物不從。既以時升，又"巽而順，剛中而應"，以此而升，故得"大亨"。

[五] 巽順以升，至于大明，"志行"之謂也。

初六：允升，大吉。[一]

《象》曰："允升大吉"，上合志也。

[一] 允，當也。巽卦三爻皆升者也。雖无其應，處升之初，與九二、九三合志俱升。當升之時，升必大得，是以"大吉"也。

九二：孚乃利用禴，无咎。[一]

《象》曰：九二之孚，有喜也。

[一] 與五爲應，往必見任。體夫剛德，進不求寵，閑邪存誠，志在大業，故乃利用納約于神明矣。

九三：升虛邑。[一]
《象》曰："升虛邑"，无所疑也。[二]

[一] 履得其位，以陽升陰，以斯而舉，莫之違距，故若"升虛邑"也。
[二] 往必得也。

六四：王用亨于岐山，吉，无咎。[一]
《象》曰："王用亨于岐山"，順事也。

[一] 處升之際，下升而進，可納而不可距也。距下之進，攘來自專，則殃咎至焉。若能不距而納，順物之情，以通庶志，則得吉而无咎矣。岐山之會，順事之情，无不納也。

六五：貞吉，升階。[一]
《象》曰："貞吉升階"，大得志也。

[一] 升得尊位，體柔而應，納而不距，任而不專，故得"貞吉，升階"而尊也。

上六：冥升，利于不息之貞。[一]
《象》曰："冥升"在上，消不富也。[二]

［一］處升之極，進而不息者也。進而不息，故雖冥猶升也。故施於不息之正則可，用於爲物之主則喪矣。終於不息，消之道也。
［二］勞不可久也。

困

☷ 坎下兑上

困：亨。^[一] 貞，大人吉，无咎。^[二] 有言不信。

《彖》曰：困，剛揜也。^[三] 險以説，困而不失其所亨，^[四] 其唯君子乎？"貞，大人吉"，以剛中也。^[五] "有言不信"，尚口乃窮也。^[六]

《象》曰：澤无水，困。君子以致命遂志。^[七]

[一] 窮必通也。處窮而不能自通者，小人也。

[二] 處困而得无咎，吉乃免也。

[三] 剛見揜於柔也。

[四] 處險而不改其説，"困而不失其所亨"也。

[五] 處困而用剛，不失其中，履正而能體大者也。能正而不能大博，未能濟困者也，故曰"貞，大人吉"也。

[六] 處困而言，不見信之時也。非行言之時，而欲用言以免，必窮者也。其吉在於"貞，大人"，口何爲乎？

[七] "澤无水"，則水在澤下。水在澤下，困之象也。處困而屈其志者，小人也。君子固窮，道可忘乎？

初六：臀困于株木，入于幽谷，三歲不覿。^[一]

《象》曰："入于幽谷"，幽不明也。^[二]

[一] 最處底下，沈滯卑困，居无所安，故曰"臀困于株木"也。欲之其應，二隔其路。居則困于株木，進不獲拯，必隱避者

也，故曰"入于幽谷"也。困之爲道，不過數歲者也。以困而藏，困解乃出，故曰"三歲不覿"也。

〔二〕言幽者，不明之辭也。入于不明，以自藏也。

九二：困于酒食，朱紱方來，利用享祀。征凶，无咎。[一]
《象》曰："困于酒食"，中有慶也。

〔一〕以陽居陰，尚謙者也。居困之時，處得其中，體夫剛質，而用中履謙，應不在一，心无所私，盛莫先焉。夫謙以待物，物之所歸；剛以處險，難之所濟。履中則不失其宜，无應則心无私恃，以斯處困，物莫不至，不勝豐衍，故曰"困于酒食"，美之至矣。坎，北方之卦也。朱紱，南方之物也。處困以斯，能招異方者也，故曰"朱紱方來"也。豐衍盈盛，故"利用享祀"。盈而又進，傾之道也。以此而征〔一〕，凶誰咎乎？故曰"征凶，无咎"。

六三：困于石，據于蒺藜，入于其宮，不見其妻，凶。[一]
《象》曰："據于蒺藜"，乘剛也。"入于其宮，不見其妻"，不祥也。

〔一〕石之爲物，堅而不納者也，謂四也。三以陰居陽，志武者也。四自納初，不受己者。二非所據，剛非所乘。上比困石，下據蒺藜，无應而入，焉得配耦？在困處斯，凶其宜也。

─────

〔一〕以此而征　"征"，底本及撫州本作"往"，今據天祿琳瑯本、南宋建陽本、南宋八行注疏本、岳本改。

九四：來徐徐，困于金車。吝，有終。[一]

《象》曰："來徐徐"，志在下也。[二]雖不當位，有與也。

[一] 金車，謂二也。二，剛以載者也，故謂之"金車"。徐徐者，疑懼之辭也。志在於初，而隔於二，履不當位，威命不行。棄之則不能，欲往則畏二，故曰"來徐徐，困于金車"也。有應而不能濟之，故曰"吝"也。然以陽居陰，履謙之道，量力而處，不與二爭，雖不當位，物終與之，故曰"有終"也。

[二] 下，謂初也。

九五：劓刖，困于赤紱，乃徐有説，利用祭祀。[一]

象曰："劓刖"，志未得也。"乃徐有説"，以中直也。"利用祭祀"，受福也。

[一] 以陽居陽，任其壯者也。不能以謙致物，物則不附。忿物不附而用其壯猛，行其威刑，異方愈乖，遐邇愈叛。刑之欲以得，乃益所以失也，故曰"劓刖，困于赤紱"也。二以謙得之，五以剛失之，體在中直，能不遂迷，困而後能用其道者也。致物之功，不在於暴，故曰"徐"也。因而後乃徐，徐則有説矣，故曰"困于赤紱，乃徐有説"也。祭祀，所以受福也。履夫尊位，困而能改，不遂其迷，以斯祭祀，必得福焉，故曰"利用祭祀"也。

上六：困于葛藟，于臲卼，曰動悔，有悔，征吉。[一]

《象》曰："困于葛藟"，未當也。[二]"動悔，有悔"，吉行也。

166

〔一〕居困之極，而乘於剛，下无其應，行則愈繞者也。行則纏繞，居不獲安，故曰"困于葛藟，于臲卼"也。下句无"困"，因於上也〔一〕。處困之極，行无通路，居无所安，困之至也。凡物窮則思變，困則謀通，處至困之地，用謀之時也。"曰"者，思謀之辭也。謀之所行，有隙則獲，言將何以通至困乎？"曰動悔"，令生有悔，以征則濟矣，故"曰動悔，有悔，征吉"也。

〔二〕所處未當，故致此困也。

〔一〕因於上也 "因"，底本、撫州本及南宋建陽本作"困"，天祿琳琅本、南宋八行注疏本、岳本作"因"。據文義，作"因"是，故改。

167

井

☴ 巽下坎上

井：改邑不改井，[一] 无喪无得，[二] 往來井井。[三] 汔至亦未繘井，[四] 羸其瓶，凶。[五]

《彖》曰：巽乎水而上水，井。[六] 井養而不窮也。"改邑不改井"，乃以剛中也。[七] "汔至亦未繘井"，未有功也。[八] "羸其瓶"，是以凶也。

《象》曰：木上有水，井。君子以勞民勸相。[九]

[一] 井，以不變爲德者也。
[二] 德有常也。
[三] 不渝變也。
[四] 已來至而未出井也。
[五] 井道以已出爲功也。幾至而覆，與未汲同也。
[六] 音"舉上"之"上"。
[七] 以剛處中，故能定居其所而不變也。
[八] 井以已成爲功。
[九] "木上有水"，井之象也。上水以養，養而不窮者也。相，猶助也。可以勞民勸助，莫若養而不窮也。

初六：井泥不食，舊井无禽。[一]
《象》曰："井泥不食"，下也。"舊井无禽"，時舍也。

[一] 最在井底，上又无應，沈滯滓穢，故曰"井泥不食"也。井

泥而不可食，則是久井不見渫治者也。久井不見渫治，禽所不嚮，而況人乎？一時所共棄舍也。井者不變之物，居德之地，恒德至賤，物无取也。

九二：井谷射鮒，甕敝漏。[一]
《象》曰："井谷射鮒"，无與也。

[一] 谿谷出水，從上注下，水常射焉。井之爲道，以下給上者也。而无應於上，反下與初，故曰"井谷射鮒"。鮒，謂初也。失井之道，水不上出，而反下注，故曰"甕敝漏"也。夫處上宜下，處下宜上，井已下矣，而復下注，其道不交，則莫之與也。

九三：井渫不食，爲我心惻，可用汲。王明，並受其福。[一]
《象》曰："井渫不食"，行惻也。[二] 求"王明"，受福也。

[一] 渫，不停污之謂也。處下卦之上，履得其位，而應於上，得井之義也。當井之義而不見食，脩己全絜而不見用，故"爲我心惻"也。爲，猶使也。不下注而應上，故"可用汲"也。王明則見照明，既嘉其行，又欽其用，故曰"王明，並受其福"也。

[二] 行感於誠，故曰"惻"也。

六四：井甃，无咎。[一]

《象》曰:"井甃,无咎",修井也。

[一] 得位而无應,自守而不能給上,可以修井之壞,補過而已。

九五:井冽寒泉,食。[一]
《象》曰:"寒泉"之食,中正也。

[一] 冽,絜也。居中得位,體剛不橈,不食不義,中正高絜,故"井冽寒泉",然後乃食也。

上六:井收,勿幕。有孚,元吉。[一]
《象》曰:"元吉"在上,大成也。

[一] 處井上極,水已出井,井功大成,在此爻矣,故曰"井收"也。群下仰之以濟,淵泉由之以通者也。幕,猶覆也。不擅其有,不私其利,則物歸之,往无窮矣,故曰"勿幕,有孚,元吉"也。

革

☲☱ 離下兑上

革：已日乃孚，元亨利貞，悔亡。[一]

《彖》曰：革，水火相息，二女同居，其志不相得，曰革。[二]"已日乃孚"，革而信之。文明以説，大亨以正，革而當，其悔乃亡。[三]天地革而四時成，湯武革命，順乎天而應乎人，革之時大矣哉！

《象》曰：澤中有火，革。君子以治歷明時。[四]

[一] 夫民可與習常，難與適變；可與樂成，難與慮始。故革之爲道，即日不孚，已日乃孚也。孚，然後乃得"元亨利貞，悔亡"也。已日而不孚，革不當也。悔吝之所生，生乎變動者也。革而當，其悔乃亡也。

[二] 凡不合而後乃變生。變之所生，生於不合者也。故取不合之象以爲革也。息者，生變之謂也。火欲上而澤欲下，水火相戰，而後生變者也。二女同居，而有水火之性，近而不相得也。

[三] 夫所以得革而信者，"文明以説"也。"文明以説"，履正而行，以斯爲革，應天順民，"大亨以正"者也。革而"大亨以正"，非當如何？

[四] 歷數時會，存乎變也。

初九：鞏用黄牛之革。[一]

《象》曰："鞏用黄牛"，不可以有爲也。

[一] 在革之始，革道未成，固夫常中，未能應變者也。此可以守成，不可以有爲也。鞏，固也。黃，中也。牛之革，堅仞不可變也。固之所用常中，堅仞不肯變也。

六二：已日乃革之，征吉，无咎。[一]
《象》曰：已日革之，行有嘉也。

[一] 陰之爲物，不能先唱，順從者也。不能自革，革已乃能從之，故曰"已日乃革之"也。二與五雖有水火殊體之異，同處厥中，陰陽相應，往必合志，不憂咎也，是以"征吉"而"无咎"。

九三：征凶，貞厲。革言三就，有孚。[一]
《象》曰："革言三就"，又何之矣。

[一] 已處火極，上卦三爻，雖體水性，皆從革者也。自四至上，從命而變，不敢有違，故曰"革言三就"。其言實誠，故曰"有孚"。"革言三就，有孚"，而猶征之，凶其宜也。

九四：悔亡，有孚改命，吉。[一]
《象》曰："改命"之吉，信志也。[二]

[一] 初九處下卦之下，九四處上卦之下，故能變也。无應，悔也。與水火相比，能變者也，是以悔亡。處水火之際，居會變之始，能不固吝，不疑於下，信志改命，不失時願，是以吉也。有孚則見信矣。見信以改命，則物安而无違，故曰"悔亡，有孚改命，吉"也。處上體之下，始宣命也。

〔二〕信志而行。

九五：大人虎變，未占有孚。[一]
《象》曰："大人虎變"，其文炳也。

〔一〕未占而孚，合時心也。

上六：君子豹變，小人革面。[一]征凶，居貞吉。[二]
《象》曰："君子豹變"，其文蔚也。"小人革面"，順以從君也。

〔一〕居變之終，變道已成。君子處之，能成其文。小人樂成，則變面以順上也。
〔二〕改命創制，變道已成。功成則事損，事損則无爲。故居則得正而吉，征則躁擾而凶也。

鼎

☴ 巽下離上

鼎：元吉，亨。^[一]

《彖》曰：鼎，象也。^[二]以木巽火，亨飪也。^[三]聖人亨，以享上帝，而大亨以養聖賢。^[四]巽而耳目聰明。^[五]柔進而上行，得中而應乎剛，是以元亨。^[六]

《象》曰：木上有火，鼎。君子以正位凝命。^[七]

[一] 革去故而鼎取新。取新而當其人，易故而法制齊明，吉然後乃亨，故先"元吉"而後"亨"也。鼎者成變之卦也。革既變矣，則制器立法以成之焉。變而無制，亂可待也。法制應時，然後乃吉；賢愚有別，尊卑有序，然後乃亨，故先"元吉"而後乃"亨"。

[二] 法象也。

[三] 亨飪，鼎之用也。

[四] 亨者，鼎之所爲也。革去故而鼎成新，故爲亨飪調和之器也。去故取新，聖賢不可失也。飪，孰也。天下莫不用之，而聖人用之，乃上以享上帝，而下以大亨養聖賢也。

[五] 聖賢獲養，則己不爲而成矣，故"巽而耳目聰明"也。

[六] 謂五也。有斯二德，故能成新，獲大亨也。

[七] 凝者，嚴整之貌也。鼎者，取新成變者也。革去故而鼎成新。"正位"者，明尊卑之序也。"凝命"者，以成教命之嚴也。

初六：鼎顛趾，利出否，得妾以其子，无咎。^[一]

《象》曰："鼎顛趾",未悖也。[二]"利出否",以從貴也。[三]

[一] 凡陽爲實而陰爲虛,鼎之爲物,下實而上虛。而今陰在下,則是爲覆鼎也,鼎覆則趾倒矣。否,謂不善之物也。取妾以爲室主,亦顛趾之義也。處鼎之初,將在納新,施顛以出穢,得妾以爲子,故"无咎"也。

[二] 倒以寫否,故"未悖"也。

[三] 棄穢以納新也。

九二:鼎有實,我仇有疾,不我能即,吉。[一]

《象》曰："鼎有實",慎所之也。[二]"我仇有疾",終无尤也。

[一] 以陽之質,處鼎之中,有實者也。有實之物,不可復加,益之則溢,反傷其實。我仇,謂五也。困於乘剛之疾,不能就我,則我不溢,得全其吉也。

[二] 有實之鼎,不可復有所取;才任已極,不可復有所加。

九三:鼎耳革,其行塞,雉膏不食。方雨虧悔,終吉。[一]

《象》曰："鼎耳革",失其義也。

[一] 鼎之爲義,虛中以待物者也。而三處下體之上,以陽居陽,守實无應,无所納受。耳宜空以待鉉,而反全其實塞,故曰"鼎耳革,其行塞",雖有雉膏,而終不能食也。雨者,陰陽交和,不偏亢者也。雖體陽爻,而統屬陰卦。若不全任剛亢,務在和通,方雨則悔虧,終則吉也。

九四：鼎折足，覆公餗，其形渥，凶。[一]
《象》曰："覆公餗"，信如何也？[二]

[一] 處上體之下而又應初，既承且施，非己所堪，故曰"鼎折足"也。初已出否，至四所盛，則已絜矣，故曰"覆公餗"也。渥，沾濡之貌也。既覆公餗，體爲渥沾，知小謀大，不堪其任，受其至辱，災及其身，故曰"其形渥，凶"也。

[二] 不量其力，果致凶災，信如之何？

六五：鼎黃耳，金鉉，利貞。[一]
《象》曰："鼎黃耳"，中以爲實也。[二]

[一] 居中以柔，能以通理，納乎剛正，故曰"黃耳金鉉，利貞"也。耳黃，則能納剛正以自舉也。

[二] 以中爲實，所受不妄也。

上九：鼎玉鉉，大吉，无不利。[一]
《象》曰："玉鉉"在上，剛柔節也。

[一] 處鼎之終，鼎道之成也。居鼎之成，體剛履柔，用勁施鉉。以斯處上，高不誡亢，得夫剛柔之節，能舉其任者也。應不在一，則靡所不舉，故曰"大吉，无不利"也。

震

☳ 震下震上

震：亨。[一]震來虩虩，笑言啞啞。[二]震驚百里，不喪匕鬯。[三]

《彖》曰：震，亨。"震來虩虩"，恐致福也。"笑言啞啞"，後有則也。"震驚百里"，驚遠而懼邇也。[四]出可以守宗廟社稷，以爲祭主也。[五]

《象》曰：洊雷，震。君子以恐懼修省。

[一] 懼以成則，是以亨。

[二] 震之爲義，威至而後乃懼也，故曰"震來虩虩"，恐懼之貌也。震者，驚駭怠惰，以肅解慢者也，故"震來虩虩，恐致福也。笑言啞啞，後有則也"。

[三] 威震驚乎百里，則足可以不喪匕鬯矣。匕，所以載鼎實。鬯，香酒，奉宗廟之盛也。

[四] 威震驚乎百里，則惰者懼於近矣。

[五] 明所以堪長子之義也。"不喪匕鬯"，則已"出可以守宗廟"。

初九：震來虩虩，後笑言啞啞，吉。[一]

《象》曰："震來虩虩"，恐致福也。"笑言啞啞"，後有則也。

[一] 體夫剛德，爲卦之先，能以恐懼修其德也。

六二：震來厲，億喪貝。躋于九陵，勿逐，七日得。[一]
《象》曰："震來厲"，乘剛也。

[一] 震之爲義，威駭怠懈，肅整惰慢者也。初幹其任而二乘之，
　　震來則危，喪其資貨，亡其所處矣，故曰"震來厲，億喪
　　貝"。億，辭也。貝，資貨、糧用之屬也。犯逆受戮，无應而
　　行，行无所舍。威嚴大行，物莫之納。无糧而走，雖復超越
　　陵險，必困于窮匱，不過七日，故曰"勿逐，七日得"也。

六三：震蘇蘇，震行无眚。[一]
《象》曰："震蘇蘇"，位不當也。

[一] 不當其位，位非所處，故懼蘇蘇也；而无乘剛之逆，故可以
　　懼行而无眚也。

九四：震遂泥。[一]
《象》曰："震遂泥"，未光也。

[一] 處四陰之中，居恐懼之時，爲衆陰之主，宜勇其身，以安於
　　衆。若其震也，遂困難矣。履夫不正，不能除恐，使物安
　　己，德未光也。

六五：震往來厲，億无喪，有事。[一]
《象》曰："震往來厲"，危行也。其事在中，大无喪也。[二]

[一] 往則无應，來則乘剛，恐而往來，不免於危。夫處震之時，

而得尊位，斯乃有事之機也。而懼往來，將喪其事，故曰"億无喪，有事"也。

［二］大則无喪，往來乃危也。

上六：震索索，視矍矍，征凶。震不于其躬，于其鄰，无咎。婚媾有言。[一]

《象》曰："震索索"，中未得也。雖凶，无咎，畏鄰戒也。

［一］處震之極，極震者也。居震之極，求中未得，故懼而索索，視而矍矍，无所安親也。已處動極而復征焉，凶其宜也。若恐非己造，彼動故懼，懼鄰而戒，合於備豫，故"无咎"也。極懼相疑，故雖婚媾而有言也。

艮

☶ 艮下艮上

艮其背，[一]不獲其身，[二]行其庭，不見其人，[三]无咎。[四]

《彖》曰：艮，止也。時止則止，時行則行，動靜不失其時，其道光明。[五]艮其止，止其所也。[六]上下敵應，不相與也。是以"不獲其身，行其庭，不見其人，无咎"也。

《象》曰：兼山，艮。君子以思不出其位。[七]

[一]目无患也。

[二]所止在後，故不得其身也。

[三]相背故也。

[四]凡物對面而不相通，否之道也。艮者，止而不相交通之卦也。各止而不相與，何得无咎？唯不相見乃可也。施止於背，不隔物欲，得其所止也。背者，无見之物也。无見則自然靜止，靜止而无見，則"不獲其身"矣。相背者，雖近而不相見，故"行其庭，不見其人"也。夫施止不於无見，令物自然而止，而強止之，則姦邪並興。近而不相得則凶。其得"无咎"，"艮其背，不獲其身，行其庭，不見其人"故也。

[五]止道不可常用，必施於不可以行。適於其時，道乃光明也。

[六]易"背"曰"止"，以明背即止也。施止不可於面，施背乃可也。施止於止，不施止於行，得其所矣，故曰"艮其止，止其所"也。

[七]各止其所，不侵官也。

初六：艮其趾，无咎，利永貞。[一]
《象》曰："艮其趾"，未失正也。

[一] 處止之初，行无所之，故止其趾，乃得"无咎"。至靜而定，故"利永貞"。

六二：艮其腓，不拯其隨，其心不快。[一]
《象》曰："不拯其隨"，未退聽也。

[一] 隨，謂趾也。止其腓，故其趾不拯也。腓體躁而處止，而不得"拯其隨"，又不能退聽安靜，故"其心不快"也。

九三：艮其限，列其夤，厲薰心。[一]
《象》曰："艮其限"，危薰心也。

[一] 限，身之中也。三當兩象之中，故曰"艮其限"。夤，當中脊之肉也。止加其身，中體而分，故"列其夤"而憂危薰心也。艮之爲義，各止於其所，上下不相與，至中則列矣。列加其夤，危莫甚焉。危亡之憂，乃薰灼其心也。施止體中，其體分焉。體分兩主，大器喪矣。

六四：艮其身，无咎。[一]
《象》曰："艮其身"，止諸躬也。[二]

[一] 中上稱身。履得其位，止求諸身，得其所處，故不陷於咎也。
[二] 自止其躬，不分全體。

六五：艮其輔，言有序，悔亡。[一]
《象》曰："艮其輔"，以中正也。[二]

[一] 施止於輔，以處於中，故口无擇言，能亡其悔也。
[二] 能用中正，故言有序也。

上九：敦艮，吉。[一]
《象》曰："敦艮"之吉，以厚終也。

[一] 居止之極，極止者也。敦重在上，不陷非妄，宜其吉也。

漸

☲ 艮下巽上

漸：女歸吉，利貞。[一]

《彖》曰：漸，之進也，[二]"女歸吉"也。進得位，往有功也。進以正，可以正邦也。其位剛得中也。[三]止而巽，動不窮也。

《象》曰：山上有木，漸。君子以居賢德善俗。[四]

[一] 漸者，漸進之卦也。止而巽，以斯適進，漸進者也。以止巽爲進，故"女歸吉"也。進而用正，故"利貞"也。

[二] 之於進也。

[三] 以漸進得位也。

[四] 賢德以止巽則居，風俗以止巽乃善。

初六：鴻漸于干，小子厲，有言，无咎。[一]

《象》曰："小子"之厲，義无咎也。

[一] 鴻，水鳥也。適進之義，始於下而升者也，故以鴻爲喻。六爻皆以進而履之爲義焉。始進而位乎窮下，又无其應，若履于干，危不可以安也。始進而未得其位，則困於小子，窮於謗言，故曰"小子厲，有言"也。困於小子讒諛之言，未傷君子之義，故曰"无咎"也。

六二：鴻漸于磐，飲食衎衎，吉。[一]

《象》曰："飲食衎衎"，不素飽也。

［一］磐，山石之安者也。進而得位，居中而應，本无祿養，進而得之，其爲歡樂，願莫先焉。

九三：鴻漸于陸。夫征不復，婦孕不育，凶。利禦寇。[一]
《象》曰："夫征不復"，離群醜也。"婦孕不育"，失其道也。"利用禦寇"，順相保也。

［一］陸，高之頂也。進而之陸，與四相得，不能復反者也。"夫征不復"，樂於邪配，則婦亦不能執貞矣。非夫而孕，故不育也。三本艮體，而棄乎群醜，與四相得，遂乃不反，至使婦孕不育。見利忘義，貪進忘舊，凶之道也。異體合好，順而相保，物莫能閒，故"利禦寇"也。

六四：鴻漸于木，或得其桷，无咎。[一]
《象》曰："或得其桷"，順以巽也。

［一］鳥而之木，得其宜也。"或得其桷"，遇安樓也。雖乘于剛，志相得也。

九五：鴻漸于陵。婦三歲不孕，終莫之勝，吉。[一]
《象》曰："終莫之勝，吉"，得所願也。

［一］陵，次陸者也。進得中位，而隔乎三、四，不得與其應合，故"婦三歲不孕"也。各履正而居中，三、四不能久塞其塗

者也。不過三歲，必得所願矣。進以正邦，三年有成，成則道濟，故不過三歲也。

上九：鴻漸于陸，其羽可用爲儀，吉。[一]
《象》曰："其羽可用爲儀，吉"，不可亂也。

［一］進處高絜，不累於位，无物可以屈其心而亂其志。峨峨清遠，儀可貴也〔一〕，故曰"其羽可用爲儀，吉"。

〔一〕 儀可貴也 "貴"，底本及<u>撫州</u>本原作"責"，今據<u>天祿琳瑯</u>本、<u>南宋建陽</u>本、<u>岳</u>本、<u>南宋八行注疏</u>本改。

歸　妹

☱ 兌下震上

歸妹：征凶，无攸利。[一]

《彖》曰：歸妹，天地之大義也。天地不交，而萬物不興。歸妹，人之終始也。[二] 説以動，所歸妹也。[三] "征凶"，位不當也。[四] "无攸利"，柔乘剛也。[五]

《象》曰：澤上有雷，歸妹。君子以永終知敝。[六]

[一] 妹者，少女之稱也。兌爲少陰，震爲長陽，少陰而承長陽，説以動，嫁妹之象也。

[二] 陰陽既合，長少又交，天地之大義，人倫之終始。

[三] 少女而與長男交，少女所不樂也。而今"説以動"，所歸必妹也。雖與長男交，嫁而係娣，是以説也。

[四] 履於不正，説動以進，妖邪之道也。

[五] 以征則有不正之凶，以處則有乘剛之逆。

[六] 歸妹，相終始之道也[一]，故"以永終知敝"。

初九：歸妹以娣，跛能履，征吉。[一]

《象》曰："歸妹以娣"，以恒也。"跛能履"，吉相承也。

[一] 少女而與長男爲耦，非敵之謂，是娣從之義也。妹，少女之稱也。少女之行，善莫若娣。夫承嗣以君之子，雖幼而不

〔一〕相終始之道也　"也"，撫州本、天禄琳瑯本同，南宋建陽本、岳本無此字。

妄行；少女以娣，雖跛能履，斯乃恒久之義，吉而相承之道也。以斯而進，吉其宜也。

九二：眇能視，利幽人之貞。[一]
《象》曰："利幽人之貞"，未變常也。

[一] 雖失其位，而居內處中，眇猶能視，足以保常也。在內履中，而能守其常，故"利幽人之貞"也。

六三：歸妹以須，反歸以娣。[一]
《象》曰："歸妹以須"，未當也。

[一] 室主猶存，而求進焉。進未值時，故有須也。不可以進，故反歸待時，以娣乃行[一]。

九四：歸妹，愆期遲歸，有時。[一]
《象》曰："愆期"之志，有待而行也。

[一] 夫以不正无應而適人也，必須彼道窮盡，无所與交，然後乃可以往，故"愆期遲歸"，以待時也。

六五：帝乙歸妹，其君之袂不如其娣之袂良。月幾望，吉。[一]
《象》曰："帝乙歸妹"，不如其娣之袂良也。其位在中，

〔一〕 以娣乃行　天祿琳瑯本、南宋建陽本、岳本、南宋八行注疏本句末有"也"字。

以貴行也。

［一］歸妹之中，獨處貴位，故謂之"帝乙歸妹"也。袂，衣袖，所以爲禮容者也。"其君之袂"，謂帝乙所寵也，即五也。爲帝乙所崇飾，故謂之"其君之袂"也。配在九二，兌少震長，以長從少，不若以少從長之爲美也，故曰"不若其娣之袂良"也。位在乎中，以貴而行，極陰之盛，以斯適配，雖不若少，往亦必合，故曰"月幾望，吉"也。

上六：女承筐，无實；士刲羊，无血。无攸利。［一］
《象》曰：上六"无實"，承虛筐也。

［一］羊，謂三也。處卦之窮，仰无所承，下又无應，爲女而承命，則筐虛而莫之與；爲士而下命，則刲羊而无血。刲羊而无血，不應所命也。進退莫與，故曰"无攸利"也。

周易下經豐傳第六

周易下經豐傳第六

王弼 注

豐

☲☳ 離下震上

豐：亨，王假之。[一]勿憂，宜日中。[二]

《彖》曰：豐，大也。[三]明以動，故豐。"王假之"，尚大也。[四]"勿憂，宜日中"，宜照天下也。[五]日中則昃，月盈則食，天地盈虛，與時消息，而況於人乎？況於鬼神乎？[六]

《象》曰：雷電皆至，豐。君子以折獄致刑。[七]

[一] 大而亨者，王之所至。
[二] 豐之爲義，闡弘微細，通夫隱滯者也。爲天下之主，而令微隱者不亨，憂未已也。故至豐亨，乃得勿憂也。用夫豐亨不憂之德，宜處天中，以徧照者也，故曰"宜日中"也。
[三] 音"闡大"之"大"也。
[四] 大者王之所尚，故至之也。
[五] 以勿憂之德，故"宜照天下"也。
[六] 豐之爲用，困於昃食者也。施於未足則尚豐，施於已盈則方溢，不可以爲常，故具陳消息之道者也。
[七] 文明以動，不失情理也。

初九：遇其配主，雖旬无咎，往有尚。[一]
《象》曰："雖旬无咎"，過旬災也。[二]

[一] 處豐之初，其配在四，以陽適陽，以明之動，能相光大者也。旬，均也。雖均无咎，往有尚也。初、四俱陽爻，故曰"均"也。
[二] 過均則爭，交斯叛也。

六二：豐其蔀，日中見斗，往得疑疾。有孚發若，吉。[一]
《象》曰："有孚發若"，信以發志也。

[一] 蔀，覆曖鄣光明之物也。處明動之時，不能自豐以光大之德，既處乎內，而又以陰居陰，所豐在蔀，幽而无覩者也，故曰"豐其蔀，日中見斗"也。日中者，明之盛也；斗見者，闇之極也。處盛明而豐其蔀，故曰"日中見斗"。不能自發，故"往得疑疾"。然履中當位，處闇不邪，有孚者也。若，辭也。有孚可以發其志，不困於闇，故獲吉也。

九三：豐其沛，日中見沬，折其右肱，无咎。[一]
《象》曰："豐其沛"，不可大事也。[二]"折其右肱"，終不可用也。[三]

[一] 沛，幡幔，所以禦盛光也。沬，微昧之明也。應在上六，志在乎陰，雖愈乎以陰處陰，亦未足以免於闇也。所豐在沛，"日中見沬"之謂也。施明，則見沬而已；施用，則折其右肱。故可以自守而已，未足用也。
[二] 明不足也。

［三］雖有左在，不足用也。

九四：豐其蔀，日中見斗。遇其夷主，吉。[一]
《象》曰："豐其蔀"，位不當也。"日中見斗"，幽不明也。"遇其夷主"，吉行也。

［一］以陽居陰，"豐其蔀"也。得初以發，"夷主吉"也。

六五：來章，有慶譽，吉。[一]
《象》曰：六五之吉，有慶也。

［一］以陰之質，來適尊陽之位，能自光大，章顯其德，獲慶譽也。

上六：豐其屋，蔀其家，闚其戶，闃其无人。三歲不覿，凶。[一]
《象》曰："豐其屋"，天際翔也。[二]"窺其戶，闃其无人"，自藏也。[三]

［一］屋，藏蔭之物，以陰處極而最在外，不履於位，深自幽隱，絕跡深藏者也。既豐其屋，又蔀其家，屋厚家覆，闇之甚也。雖闚其戶，闃其无人，棄其所處，而自深藏也。處於明動尚大之時，而深自幽隱，以高其行，大道既濟，而猶不見，隱不爲賢，更爲反道，凶其宜也。三年，豐道之成。治道未濟，隱猶可也；既濟而隱，以治爲亂也。
［二］翳光最甚者也。
［三］可以出而不出，自藏之謂也，非有爲而藏。不出戶庭，失時致凶，況自藏乎？凶其宜也。

旅

☲ 艮下離上

旅：小亨，旅貞吉。[一]

《彖》曰："旅，小亨"，柔得中乎外，而順乎剛，止而麗乎明，是以"小亨，旅貞吉"也。[二] 旅之時義大矣哉！[三]

《象》曰：山上有火，旅。君子以明愼用刑，而不留獄。[四]

[一] 不足全夫貞吉之道，唯足以爲旅之貞吉，故特重曰"旅貞吉"也。

[二] 夫物失其主則散，柔乘於剛則乖。既乖且散，物皆羈旅，何由得"小亨"而"貞吉"乎？夫陽爲物長，而陰皆順陽。唯六五乘剛，而復得中乎外，以承于上，陰各順陽，不爲乖逆。止而麗明，動不履妄。雖不及剛得尊位，恢弘大通，足以小亨。令附旅者不失其正，得其所安也。

[三] 旅者大散，物皆失其所居之時也。咸失其居，物願所附，豈非知者有爲之時？

[四] 止以明之〔一〕，刑獄詳也。

初六：旅瑣瑣，斯其所取災。[一]

《象》曰："旅瑣瑣"，志窮災也。

[一] 最處下極，寄旅不得所安，而爲斯賤之役，所取致災，志窮且困。

〔一〕 止以明之 "以"，撫州本、天祿琳瑯本同，南宋建陽本、岳本作"而"。

六二：旅即次，懷其資，得童僕貞。^[一]
《象》曰："得童僕貞"，終无尤也。

［一］次者，可以安行旅之地也。懷，來也。得位居中，體柔奉上，以此寄旅，必獲次舍。懷來資貨，得童僕之所正也。旅不可以處盛，故其美盡於童僕之正也。過斯以往，則見害矣。童僕之正，義足而已。

九三：旅焚其次，喪其童僕，貞厲。^[一]
《象》曰："旅焚其次"，亦以傷矣。以旅與下，其義喪也。

［一］居下體之上，與二相得，以寄旅之身而爲施下之道，與萌侵權，主之所疑也，故次焚僕喪，而身危也。

九四：旅于處，得其資斧，我心不快。^[一]
《象》曰："旅于處"，未得位也。"得其資斧"，心未快也。

［一］斧，所以斫除荆棘，以安其舍者也。雖處上體之下，不先於物，然而不得其位，不獲平坦之地，客乎所處^[一]，不得其次，而得其資斧之地，故其"心不快"也。

六五：射雉，一矢亡。終以譽命。^[一]
《象》曰："終以譽命"，上逮也。

〔一〕客乎所處　"乎"，天祿琳瑯本、南宋建陽本、南宋八行注疏本、岳本皆作"于"。

［一］射雉以一矢，而復亡之，明雖有雉，終不可得矣。寄旅而進，雖處于文明之中，居於貴位，此位終不可有也。以其能知禍福之萌，不安其處以乘其下，而上承於上，故終以譽而見命也。

上九：鳥焚其巢，旅人先笑後號咷。喪牛于易，凶。［一］
《象》曰：以旅在上，其義焚也。"喪牛于易"，終莫之聞也。

［一］居高危而以爲宅，巢之謂也。客而得上位，故先笑也。以旅而處于上極，衆之所嫉也。以不親之身而當嫉害之地，必凶之道也，故曰"後號咷"。牛者，稼穡之資。以旅處上，衆所同嫉，故"喪牛于易"，不在於難。物莫之與，危而不扶，喪牛于易，故"莫之聞"。莫之聞，則傷之者至矣。

巽

☴ 巽下巽上

巽：小亨。[一] 利有攸往。[二] 利見大人。[三]

《彖》曰：重巽以申命，[四] 剛巽乎中正而志行，[五] 柔皆順乎剛。[六] 是以"小亨，利有攸往，利見大人"。

《象》曰：隨風，巽。君子以申命行事。

[一] 全以巽爲德，是以小亨也。上下皆巽，不違其令，命乃行也。故申命行事之時，上下不可以不巽也。

[二] 巽悌以行〔一〕，物无距也。

[三] 大人用之，道愈隆。

[四] 命乃行也，未有不巽而命行也。

[五] 以剛而能用巽，處于中正，物所與也。

[六] 明无違逆，故得小亨。

初六：進退，利武人之貞。[一]
《象》曰："進退"，志疑也。[二] "利武人之貞"，志治也。

[一] 處令之初，未能服令者也，故進退也。成命齊邪，莫善武人，故"利武人之貞"以整之。

[二] 巽順之志，進退疑懼。

〔一〕 巽悌以行 "悌"，天祿琳瑯本、南宋建陽本作"弟"，《釋文》云"弟，本亦作悌"。

九二：巽在牀下，用史巫紛若，吉，无咎。[一]
《象》曰："紛若"之吉，得中也。

[一] 處巽之中，既在下位，而復以陽居陰，卑巽之甚，故曰"巽在牀下"也。卑甚失正，則入于咎過矣。能以居中而施至卑於神祇，而不用之於威勢，則乃至于紛若之吉，而亡其過矣。故曰"用史巫紛若，吉，无咎"也。

九三：頻巽，吝。[一]
《象》曰："頻巽"之吝，志窮也。

[一] 頻，頻蹙不樂，而窮不得已之謂也。以其剛正而爲四所乘，志窮而巽，是以吝也。

六四：悔亡，田獲三品。[一]
《象》曰："田獲三品"，有功也。

[一] 乘剛，悔也。然得位承五，卑得所奉，雖以柔御剛，而依尊履正，以斯行命，必能獲強暴，遠不仁者也。獲而有益，莫善三品，故曰"悔亡，田獲三品"。一曰乾豆，二曰賓客，三曰充君之庖。

九五：貞吉，悔亡，无不利。无初有終。先庚三日，後庚三日，吉。[一]
《象》曰：九五之"吉"，位正中也。

［一］以陽居陽，損於謙巽。然秉乎中正以宣其令，物莫之違，故曰"貞吉，悔亡，无不利"也。化不以漸，卒以剛直，用加於物，故初皆不說也。終於中正，邪道以消，故有終也。申命令謂之庚。夫以正齊物，不可卒也；民迷固久，直不可肆也。故先申三日，令著之後，復申三日，然後誅而无咎怨矣。甲、庚，皆申命之謂也。

上九：巽在牀下，喪其資斧，貞凶。[一]
《象》曰："巽在牀下"，上窮也。"喪其資斧"，正乎凶也。

［一］處巽之極，極巽過甚，故曰"巽在牀下"也。斧所以斷者也，過巽失正，喪所以斷，故曰"喪其資斧，貞凶"也。

兌

☱ 兌下兌上

兌：亨，利貞。

《彖》曰：兌，說也。剛中而柔外，說以利貞，[一]是以順乎天而應乎人。[二]說以先民，民忘其勞；說以犯難，民忘其死。說之大，民勸矣哉！

《象》曰：麗澤，兌。君子以朋友講習。[三]

[一] 說而違剛則諂，剛而違說則暴。剛中而柔外，所以"說以利貞"也。剛中，故利貞；柔外，故說亨。
[二] 天，剛而不失說者也。
[三] 麗，猶連也。施說之盛，莫盛於此。

初九：和兌，吉。[一]
《象》曰："和兌"之吉，行未疑也。

[一] 居兌之初，應不在一，无所黨係，"和兌"之謂也。說不在諂，履斯而行，未見有疑之者，吉其宜矣。

九二：孚兌，吉，悔亡。[一]
《象》曰："孚兌"之吉，信志也。[二]

[一] 說不失中，有孚者也。失位而說，孚吉，乃悔亡也。
[二] 其志信也。

六三：來兌，凶。[一]
《象》曰："來兌"之凶，位不當也。

[一] 以陰柔之質，履非其位，來求說者也。非正而求說，邪佞者也。

九四：商兌未寧，介疾有喜。[一]
《象》曰：九四之喜，有慶也。

[一] 商，商量裁制之謂也。介，隔也。三爲佞說，將近至尊。故四以剛德，裁而隔之，匡內制外，是以未寧也。處於幾近，閑邪介疾，宜其有喜也。

九五：孚于剝，有厲。[一]
《象》曰："孚于剝"，位正當也。[二]

[一] 比於上六，而與相得，處尊正之位，不說信乎陽，而說信乎陰，"孚于剝"之義也。剝之爲義，小人道長之謂。
[二] 以正當之位，信於小人而疏君子，故曰"位正當也"。

上六：引兌。[一]
《象》曰："上六，引兌"，未光也。

[一] 以夫陰質，最處說後，靜退者也。故必見引，然後乃說也。

涣

☴ 坎下巽上

涣：亨。王假有廟，利涉大川，利貞。

《彖》曰："涣，亨"，剛來而不窮，柔得位乎外而上同。[一]"王假有廟"，王乃在中也。[二] "利涉大川"，乘木有功也。[三]

《象》曰：風行水上，涣。先王以享于帝，立廟。

[一] 二以剛來居內，而不窮於險。四以柔得位乎外，而與上同。內剛而无險困之難，外順而无違逆之乖，是以"亨，利涉大川，利貞"也。凡剛得暢而无忌回之累，柔履正而同志乎剛，則皆"亨，利涉大川，利貞"也。

[二] 王乃在乎涣然之中，故至有廟也。

[三] 乘木即涉難也。木者專所以涉川也。涉難而常用涣道，必有功也。

初六：用拯馬壯，吉。[一]

《象》曰：初六之吉，順也。[二]

[一] 涣，散也。處散之初，乖散未甚，故可以遊行，得其志而違於難也。不在危劇而後乃逃竄，故曰"用拯馬壯，吉"。

[二] 觀難而行，不與險爭，故曰"順也"。

九二：涣奔其机，悔亡。[一]

《象》曰："涣奔其机"，得願也。

［一］机，承物者也，謂初也。二俱无應，與初相得；而初得散道，離散而奔，得其所安，故"悔亡"也。

六三：渙其躬，无悔。[一]
《象》曰："渙其躬"，志在外也。

［一］渙之爲義，內險而外安者也。散躬志外，不固所守，與剛合志，故得"无悔"也。

六四：渙其群，元吉。渙有丘匪夷所思。[一]
《象》曰："渙其群，元吉"，光大也。

［一］踰乎險難，得位體巽，與五合志，內掌機密，外宣化命者也。故能散群之險，以光其道。然處於卑順，不可自專，而爲散之任，猶有丘墟匪夷之慮，雖得元吉，所思不可忘也。

九五：渙汗其大號，渙王居，无咎。[一]
《象》曰："王居无咎"，正位也。[二]

［一］處尊履正，居巽之中，散汗大號，以盪險阨者也。爲渙之主，唯王居之，乃得"无咎"也。
［二］正位不可以假人。

上九：渙其血，去逖出，无咎。[一]

《象》曰："涣其血"，遠害也。

［一］逖，遠也。最遠於害，不近侵克，散其憂傷，遠出者也。散患於遠害之地，誰將咎之哉。

節

䷻ 兌下坎上

節：亨，苦節不可貞。

《彖》曰："節，亨"，剛柔分而剛得中。[一]"苦節不可貞"，其道窮也。[二]說以行險，當位以節，中正以通。[三]天地節而四時成，節以制度，不傷財，不害民。

《象》曰：澤上有水，節。君子以制數度，議德行。

[一] 坎陽而兌陰也。陽上而陰下，剛柔分也。剛柔分而不亂，剛得中而爲制主，節之義也。節之大者，莫若剛柔分，男女別也。

[二] 爲節過苦，則物所不能堪也。物不能堪，則不可復正也。

[三] 然後乃亨也。无說而行險，過中而爲節，則道窮也。

初九：不出戶庭，无咎。[一]

《象》曰："不出戶庭"，知通塞也。

[一] 爲節之初，將整離散而立制度者也。故明於通塞，慮於險僞，不出戶庭，慎密不失，然後事濟而无咎也。

九二：不出門庭，凶。[一]

《象》曰："不出門庭，凶"，失時極也。

[一] 初已造之，至二宜宣其制矣；而故匿之，失時之極，則遂廢矣。故"不出門庭"，則凶也。

六三：不節若，則嗟若，无咎。[一]
《象》曰："不節"之嗟，又誰咎也。

[一] 若，辭也。以陰處陽，以柔乘剛，違節之道，以至哀嗟。自己所致，无所怨咎，故曰"无咎"也。

六四：安節，亨。[一]
《象》曰："安節"之亨，承上道也。

[一] 得位而順，不改其節，而能亨者也。承上以斯，得其道也。

九五：甘節，吉。往有尚。[一]
象曰："甘節"之吉，居位中也。

[一] 當位居中，爲節之主，不失其中，"不傷財，不害民"之謂也。爲節而不苦，非甘而何？衔斯以往，"往有尚"也。

上六：苦節，貞凶，悔亡。[一]
《象》曰："苦節，貞凶"，其道窮也。

[一] 過節之中，以至亢極，苦節者也。以斯施正，物所不堪，正之凶也。以斯脩身，行在无妄，故得"悔亡"。

中　孚

☱ 兌下巽上

中孚：豚魚吉。利涉大川，利貞。

《彖》曰：中孚，柔在內而剛得中，說而巽，孚，^[一]乃化邦也。^[二]"豚魚吉"，信及豚魚也。^[三]"利涉大川"，乘木舟虛也。^[四]中孚以"利貞"，乃應乎天也。^[五]

《象》曰：澤上有風，中孚。君子以議獄緩死。^[六]

[一] 有上四德，然後乃孚。

[二] 信立而後邦乃化也。柔在內而剛得中，各當其所也。剛得中，則直而正；柔在內，則靜而順；說而以巽，則乖爭不作。如此，則物无巧競，敦實之行著，而篤信發乎其中矣。

[三] 魚者，蟲之隱者也。豚者，獸之微賤者也。爭競之道不興，中信之德淳著，則雖微隱之物，信皆及之。

[四] 乘木於用舟之虛，則終已无溺也。用中孚以涉難，若乘木舟虛也。

[五] 盛之至也。

[六] 信發於中，雖過可亮也〔一〕。

初九：虞吉，有它不燕。^[一]

《象》曰："初九，虞吉"，志未變也。

[一] 虞猶專也。爲信之始，而應在四，得乎專吉者也。志未能

〔一〕 雖過可亮也　天祿琳瑯本、南宋建陽本、岳本、南宋八行注疏本無"也"字。

變，繫心於一，故"有它不燕"也。

九二：鳴鶴在陰，其子和之。我有好爵，吾與爾靡之。[一]
《象》曰："其子和之"，中心願也。

[一] 處內而居重陰之下，而履不失中，不徇於外，任其真者也。立誠篤至[一]，雖在闇昧，物亦應焉，故曰"鳴鶴在陰，其子和之"也。不私權利，唯德是與，誠之至也。故曰"我有好爵"，與物散之。

六三：得敵，或鼓或罷，或泣或歌。[一]
《象》曰："或鼓或罷"，位不當也。

[一] 三居少陰之上，四居長陰之下，對而不相比，敵之謂也。以陰居陽，欲進者也。欲進而閡敵，故"或鼓"也。四履正而承五，非己所克，故"或罷"也。不勝而退，懼見侵陵，故"或泣"也。四履乎順，不與物校，退而不見害，故"或歌"也。不量其力，進退无恒，憊可知也。

六四：月幾望，馬匹亡，无咎。[一]
《象》曰："馬匹亡"，絕類上也。[二]

[一] 居中孚之時，處巽之始，應說之初，居正履順，以承於五，內毗元首，外宣德化者也。充乎陰德之盛，故曰"月幾望"。

〔一〕 立誠篤至 "至"，敦煌本（伯三八七二）、天祿琳瑯本、南宋八行注疏本同底本，南宋建陽本、岳本作"志"。據下文"誠之至也"，則當作"至"。

"馬匹亡"者，棄群類也。若夫居盛德之位，而與物校其競爭，則失其所盛矣，故曰絕類而上。履正承尊，不與三爭，乃得"无咎"也。

［二］類謂三。俱陰爻，故曰"類"也。

九五：有孚攣如，无咎。［一］
《象》曰："有孚攣如"，位正當也。

［一］"攣如"者，繫其信之辭也。處中誠以相交之時，居尊位以爲群物之主，信何可舍？故"有孚攣如"，乃得"无咎"也。

上九：翰音登于天，貞凶。［一］
《象》曰："翰音登于天"，何可長也。

［一］翰，高飛也。"飛音"者，音飛而實不從之謂也。居卦之上，處信之終，信終則衰，忠篤內喪，華美外揚，故曰"翰音登于天"也。翰音登天，正亦滅矣。

小　過

☷ 艮下震上

小過：亨，利貞。可小事，不可大事。飛鳥遺之音，不宜上，宜下，大吉。[一]

《彖》曰：小過，小者過而亨也。[二]過以"利貞"，與時行也。[三]柔得中，是以"小事"吉也；剛失位而不中，是以"不可大事"也。[四]有"飛鳥"之象焉。[五]"飛鳥遺之音，不宜上，宜下，大吉"，上逆而下順也。[六]

《象》曰：山上有雷，小過。君子以行過乎恭，喪過乎哀，用過乎儉。

[一] 飛鳥遺其音聲，哀以求處，上愈无所適，下則得安。愈上則愈窮，莫若飛鳥也。

[二] 小者謂凡諸小事也，過於小事而通者也。

[三] 過而得以利貞，應時宜也。施過於恭儉，利貞者也。

[四] 成大事者，必在剛也。柔而浸大，剝之道也。

[五] "不宜上，宜下"，即"飛鳥"之象。

[六] 上則乘剛，逆也；下則承陽，順也。施過於不順，凶莫大焉；施過於順，過更變而爲吉也。

初六：飛鳥以凶。[一]

《象》曰："飛鳥以凶"，不可如何也。

[一] 小過，上逆下順，而應在上卦。進而之逆，无所錯足，飛鳥

之凶也。

六二：過其祖，遇其妣。不及其君，遇其臣，无咎。[一]
《象》曰："不及其君"，臣不可過也。

[一] 過而得之謂之遇，在小過而當位，過而得之之謂也。祖，始也，謂初也。妣者，居內履中而正者也。過初而履二位，故曰"過其祖"而"遇其妣"。過而不至於僭，盡於臣位而已，故曰"不及其君，遇其臣，无咎"。

九三：弗過防之，從或戕之，凶。[一]
《象》曰："從或戕之"，凶如何也。

[一] 小過之世，大者不立，故令小者得過也。居下體之上，以陽當位，而不能先過防之，至令小者咸過，而復應而從焉。其從之也，則戕之凶至矣。故曰"弗過防之，從或戕之，凶"也。

九四：无咎，弗過遇之，往厲必戒，勿用永貞。[一]
《象》曰："弗過遇之"，位不當也。"往厲必戒"，終不可長也。

[一] 雖體陽爻，而不居其位，不爲貴主，故得"无咎"也。失位在下，不能過者也。以其不能過，故得合於免咎之宜，故曰"弗過遇之"。夫宴安酖毒，不可懷也，處於小過不寧之時，而以陽居陰，不能有所爲者也。以此自守，免咎可也；以斯攸往，危之道也。不交於物，物亦弗與，无援之助，故危則

必戒而已，无所告救也。沈没怯弱[一]，自守而已，以斯而處於群小之中，未足任者也，故曰"勿用永貞"，言不足用之於永貞。

六五：密雲不雨，自我西郊，公弋取彼在穴。[一]
《象》曰："密雲不雨"，已上也。[二]

[一] 小過者，小者過於大也。六得五位，陰之盛也，故"密雲不雨"，至于西郊也。夫雨者，陰布於上，而陽薄之而不得通，則烝而爲雨。今艮止於下而不交焉，故"不雨"也。是故小畜尚往而亨，則不雨也；小過陽不上交，亦不雨也。雖陰盛于上，未能行其施也。公者，臣之極也，五極陰盛，故稱"公"也。弋，射也。在穴者，隱伏之物也。小過者，過小而難未大作，猶在隱伏者也。以陰質治小過，能獲小過者也，故曰"公弋取彼在穴"也。除過之道，不在取之，足及密雲，未能雨也。

[二] 陽已上，故止也。

上六：弗遇過之，飛鳥離之，凶，是謂災眚。[一]
《象》曰："弗遇過之"，已亢也。

[一] 小人之過，遂至上極，過而不知限，至于亢也。過至於亢，將何所遇？飛而不已，將何所託？災自己致，復何言哉。

─────

〔一〕沈没怯弱 "弱"，底本、撫州本原作"溺"，今據敦煌本（伯三八七二）、天祿琳瑯本、南宋建陽本、南宋八行注疏本、岳本改。

既　　濟

䷾ 離下坎上

既濟：亨小，利貞，初吉終亂。

《彖》曰："既濟，亨"，小者亨也。[一]"利貞"，剛柔正而位當也。[二]"初吉"，柔得中也。終止則亂，其道窮也。[三]

《象》曰：水在火上，既濟。君子以思患而豫防之。[四]

[一] 既濟者，以皆濟爲義者也。小者不遺，乃爲皆濟，故舉小者以明既濟也。

[二] 剛柔正而位當，則邪不可以行矣，故唯正乃利貞也。

[三] 柔得中，則小者亨也。柔不得中，則小者未亨。小者未亨，雖剛得正，則爲未既濟也。故既濟之要，在柔得中也。以既濟爲家者〔一〕，道極无進，終唯有亂，故曰"初吉終亂"。終亂不爲自亂，由止故亂，故曰"終止則亂"也。

[四] 存不忘亡，既濟不忘未濟也。

初九：曳其輪，濡其尾，无咎。[一]

《象》曰："曳其輪"，義无咎也。

[一] 最處既濟之初，始濟者也。始濟未涉於燥，故輪曳而尾濡也。

〔一〕 以既濟爲家者 "家"，敦煌本（伯三八七二）、諸宋本皆同，岳本作"象"。阮元所據十行本作"安"，其《校勘記》曰："岳本、閩、監、毛本同。"又以"家"爲"象"之誤。今按："某某卦之家"乃漢、晉人常語。"以既濟爲家"，猶云"就既濟之性而言"。"象"乃"家"之訛，作"安"尤爲臆改。

雖未造易，心无顧戀，志棄難者也。其於義也，无所咎矣。

六二：婦喪其茀，勿逐，七日得。[一]
《象》曰："七日得"，以中道也。

[一] 居中履正，處文明之盛，而應乎五，陰之光盛者也。然居初、三之間，而近不相得，上不承三，下不比初。夫以光盛之陰，處於二陽之間[一]，近而不相得，能无見侵乎？故曰"喪其茀"也。稱"婦"者，以明自有夫，而它人侵之也。茀，首飾也。夫以中道執乎貞正，而見侵者，衆之所助也。處既濟之時，不容邪道者也。時既明峻，衆又助之，竊之者逃竄而莫之歸矣。量斯勢也，不過七日，不須已逐，而自得也。

九三：高宗伐鬼方，三年克之，小人勿用。[一]
《象》曰："三年克之"，憊也。

[一] 處既濟之時，居文明之終，履得其位，是居衰末而能濟者也[二]。故伐鬼方，三年乃克也。君子處之，故能興也；小人居之，遂喪邦也。

六四：繻有衣袽，終日戒。[一]
《象》曰："終日戒"，有所疑也。

〔一〕處於二陽之閒 "於"，撫州本、天祿琳瑯本、南宋建陽本同，岳本無此字，敦煌本（伯三八七二）作"乎"。
〔二〕是居衰末而能濟者也 底本原作"居衰而未能濟"，今據敦煌本（伯三八七二）、天祿琳瑯本、南宋建陽本、南宋八行注疏本、岳本改。

[一]繻，宜曰濡。衣袽，所以塞舟漏也。履得其正，而近不與三、五相得。夫有隙之棄舟，而得濟者，有衣袽也。鄰於不親，而得全者，終日戒也。

九五：東鄰殺牛，不如西鄰之禴祭，實受其福。[一]
《象》曰："東鄰殺牛"，不如西鄰之時也。[二]"實受其福"，吉大來也。

[一]牛，祭之盛者也。禴，祭之薄者也。居既濟之時，而處尊位，物皆濟矣，將何爲焉？其所務者，祭祀而已。祭祀之盛，莫盛脩德，故沼沚之毛，蘋蘩之菜，可羞於鬼神，故"黍稷非馨，明德惟馨"，是以"東鄰殺牛，不如西鄰之禴祭，實受其福"也。
[二]在於合時，不在於豐也。

上六：濡其首，厲。[一]
《象》曰："濡其首，厲"，何可久也。

[一]處既濟之極，既濟道窮，則之於未濟，之於未濟，則首先犯焉。過進不已，則遇於難，故"濡其首"也。將没不久，危莫先焉。

未　濟

☷ 坎下離上

未濟：亨，小狐汔濟，濡其尾，无攸利。

《彖》曰："未濟，亨"，柔得中也。[一]"小狐汔濟"，未出中也。[二]"濡其尾，无攸利"，不續終也。[三]雖不當位，剛柔應也。[四]

《象》曰：火在水上，未濟。君子以慎辨物居方。[五]

[一] 以柔處中，不違剛也。能納剛健，故得亨也。
[二] 小狐不能涉大川，須汔然後乃能濟。處未濟之時，必剛健拔難，然後乃能濟。汔乃能濟，未能出險之中。
[三] 小狐雖能渡而无餘力。將濟而濡其尾，力竭於斯，不能續終。險難猶未足以濟也。濟未濟者，必有餘力也。
[四] 位不當，故未濟。剛柔應，故可濟。
[五] 辨物居方，令物各當其所也。

初六：濡其尾，吝。[一]

《象》曰："濡其尾"，亦不知極也。

[一] 處未濟之初，最居險下，不可以濟者也。而欲之其應，進則溺身。未濟之始，始於既濟之上六也。濡其首猶不反，至于濡其尾，不知紀極者也。然以陰處下，非爲進亢，遂其志者也。困則能反，故不曰"凶"。事在己量，而必困乃反，頑亦甚矣，故曰"吝"也。

九二：曳其輪，貞吉。[一]
《象》曰：九二貞吉，中以行正也。[二]

[一] 體剛履中，而應於五，五體陰柔，應與而不自任者也。居未濟之時，處險難之中，體剛中之質，而見任與，拯救危難，經綸屯塞者也。用健施難，循難在正〔一〕，而不違中，故"曳其輪，貞吉"也。

[二] 位雖不正，中以行正也。

六三：未濟，征凶。利涉大川。[一]
《象》曰："未濟，征凶"，位不當也。

[一] 以陰之質，失位居險，不能自濟者也。以不正之身，力不能自濟，而求進焉，喪其身也，故曰"征凶"也。二能拯難，而己比之，棄己委二，載二而行，溺可得乎？何憂未濟，故曰"利涉大川"。

九四：貞吉，悔亡。震用伐鬼方，三年有賞于大國。[一]
《象》曰："貞吉，悔亡"，志行也。

[一] 處未濟之時，而出險難之上，居文明之初，體乎剛質，以近至尊。雖履非其位，志在乎正，則吉而悔亡矣。其志得行，

〔一〕用健施難循難在正　阮元《校勘記》出"用健拯難，靖難在正"，謂："岳本、閩、監、毛本同。宋本、足利本'拯'作'施'，'靖'作'循'。古本同。一本'靖'作'修'。錢本亦作'循'，《釋文》出循難。"今按：阮本系統雖似文從字順，其實以意妄改，非有版本依據。"用健施難，循難在正"，謂九二以剛健施行於險難中，其循行險難之中，在乎秉持正德，不違中道也。宋本意甚通，不必臆改。

靡禁其威，故曰"震用伐鬼方"也。"伐鬼方"者，興衰之征也。故每至興衰而取義焉。處文明之初，始出於難，其德未盛，故曰"三年"也。五居尊以柔，體乎文明之盛，不奪物功者也，故以大國賞之也。

六五：貞吉，无悔。君子之光，有孚吉。[一]
《象》曰："君子之光"，其暉吉也。

[一] 以柔居尊，處文明之盛，爲未濟之主，故必正然後乃吉，吉乃得"无悔"也。夫以柔順文明之質，居於尊位，付與於能，而不自役，使武以文，御剛以柔，斯誠君子之光也。付物以能，而不疑也；物則竭力，功斯克矣，故曰"有孚吉"。

上九：有孚于飲酒，无咎。濡其首，有孚失是。[一]
《象》曰：飲酒濡首，亦不知節也。

[一] 未濟之極，則反於既濟。既濟之道，所任者當也。所任者當，則可信之无疑，而己逸焉，故曰"有孚于飲酒，无咎"也。以其能信於物，故得逸豫而不憂於事之廢。苟不憂於事之廢，而耽於樂之甚，則至于失節矣。由於有孚，失於是矣，故曰"濡其首，有孚失是"也。

周易繫辭上第七

周易繫辭上第七

韓康伯　注

　　天尊地卑，乾坤定矣。[一]卑高以陳，貴賤位矣。[二]動靜有常，剛柔斷矣。[三]方以類聚，物以群分，吉凶生矣。[四]在天成象，在地成形，變化見矣。[五]是故剛柔相摩，[六]八卦相盪。[七]鼓之以雷霆，潤之以風雨。日月運行，一寒一暑。乾道成男，坤道成女。乾知大始，坤作成物。乾以易知，坤以簡能。[八]易則易知，簡則易從。易知則有親，易從則有功。[九]有親則可久，有功則可大。[一〇]可久則賢人之德，可大則賢人之業。[一一]易簡而天下之理得矣。[一二]天下之理得，而成位乎其中矣。[一三]

　　[一]乾坤其易之門戶，先明天尊地卑，以定乾坤之體。
　　[二]天尊地卑之義既列，則涉乎萬物，貴賤之位明矣。
　　[三]剛動而柔止也。動止得其常體，則剛柔之分著矣。
　　[四]方有類，物有群，則有同有異，有聚有分也。順其所同，則吉；乖其所趣，則凶。故吉凶生矣。
　　[五]象，況日月星辰；形，況山川草木也。懸象運轉，以成昏明；山澤通氣，而雲行雨施，故變化見矣。
　　[六]相切摩也，言陰陽之交感也。
　　[七]相推盪也，言運化之推移。

［八］天地之道，不爲而善始，不勞而善成，故曰"易簡"。

［九］順萬物之情，故曰"有親"。通天下之志，故曰"有功"。

［一〇］有易簡之德，則能成可久可大之功。

［一一］天地易簡，萬物各載其形。聖人不爲，群方各遂其業。德業既成，則入於形器，故以賢人目其德業。

［一二］天下之理，莫不由於易簡而各得順其分位也。

［一三］成位，況立象也。極易簡，則能通天下之理〔一〕；通天下之理，故能成象，並乎天地。言"其中"，則明並天地也。

聖人設卦觀象，[一]繫辭焉而明吉凶，剛柔相推而生變化。[二]是故吉凶者，失得之象也；[三]悔吝者，憂虞之象也；[四]變化者，進退之象也；[五]剛柔者，晝夜之象也。[六]六爻之動，三極之道也。[七]是故君子所居而安者，易之序也；[八]所樂而玩者，爻之辭也。是故君子居則觀其象而玩其辭，動則觀其變而玩其占。是以自天祐之，吉无不利。

［一］此總言也。

［二］繫辭所以明吉凶，剛柔相推所以明變化也。吉凶者，存乎人事也。變化者，存乎運行也。

［三］由有失得，故吉凶生。

［四］失得之微者，足以致憂虞而已，故曰"悔吝"。

［五］往復相推，迭進退也。

［六］晝則陽剛，夜則陰柔。始總言吉凶變化，而下別明悔吝、晝

〔一〕能通天下之理　"能"，底本原缺，今據天祿琳瑯本、南宋建陽本、岳本、南宋八行注疏本補。

夜者，悔吝則吉凶之類，晝夜亦變化之道。吉凶之類，則同因繫辭而明；變化之道，則俱由剛柔而著。故始總言之，下則明失得之輕重，辨變化之小大，故別序其義也。

[七] 三極，三材也。兼三材之道，故能見吉凶，成變化也。

[八] 序，易象之次序。

象者，言乎象者也。[一]爻者，言乎變者也。[二]吉凶者，言乎其失得也。悔吝者，言乎其小疵也。无咎者，善補過也。是故列貴賤者存乎位，[三]齊小大者存乎卦，[四]辯吉凶者存乎辭，[五]憂悔吝者存乎介，[六]震无咎者存乎悔。[七]是故卦有小大，辭有險易。[八]辭也者，各指其所之。《易》與天地準，[九]故能彌綸天地之道。仰以觀於天文，俯以察於地理，是故知幽明之故。原始反終，故知死生之說。[一〇]

[一] 象總一卦之義也。

[二] 爻各言其變也。

[三] 爻之所處曰"位"，六位有貴賤也。

[四] 卦有小大也。齊，猶言辨也，即"象者言乎象"也。

[五] 辭，爻辭也，即"爻者言乎變"也。言象所以明小大，言變所以明吉凶。故小大之義存乎卦，吉凶之狀見乎爻。至於悔、吝、无咎，其例一也。吉、凶、悔、吝、小疵无咎[一]，皆生乎變，事有小大，故下歷言五者之差也。

[六] 介，纖介也。王弼曰："憂悔吝之時，其介不可慢也。"即

〔一〕 吉凶悔吝小疵无咎 "小疵"，諸本同。然下文云"歷言五者之差"，指吉、凶、悔、吝、无咎而言，小疵雜入其中顯然不協，當是衍文。

"悔吝者，言乎小疵"也。

[七]"无咎者，善補過也"。震，動也。故動而无咎，存乎其悔過也。

[八]其道光明曰"大"，君子道消曰"小"；之泰則其辭易，之否則其辭險。

[九]作《易》以準天地。

[一〇]幽明者，有形、无形之象。死生者，始終之數也。

精氣爲物，遊魂爲變，[一]是故知鬼神之情狀。[二]與天地相似，故不違。[三]知周乎萬物，而道濟天下，故不過。[四]旁行而不流，[五]樂天知命，故不憂。[六]安土敦乎仁，故能愛。[七]範圍天地之化而不過，[八]曲成萬物而不遺，[九]通乎晝夜之道而知。[一〇]故神无方而易无體。[一一]一陰一陽之謂道，[一二]繼之者善也，成之者性也。仁者見之謂之仁，知者見之謂之知，[一三]百姓日用而不知，故君子之道鮮矣。[一四]

[一]精氣烟熅，聚而成物。聚極則散，而遊魂爲變也。游魂，言其遊散也。

[二]盡聚散之理，則能知變化之道，无幽而不通也。

[三]德合天地，故曰"相似"。

[四]知周萬物，則能以道濟天下也。

[五]應變旁通，而不流淫也。

[六]順天之化，故曰"樂"也。

[七]安土敦仁者，萬物之情也。物順其情，則仁功贍矣。

[八]範圍者，擬範天地，而周備其理也。

[九]曲成者，乘變以應物，不係一方者也，則物宜得矣。

[一〇] 通幽明之故，則无不知也。

[一一] 自此以上，皆言神之所爲也。方、體者，皆係於形器者也。神則陰陽不測，易則唯變所適，不可以一方一體明。

[一二] 道者何？无之稱也，无不通也，无不由也，況之曰道。寂然无體，不可爲象。必有之用極，而无之功顯，故至乎"神无方而易无體"，而道可見矣。故窮變以盡神，因神以明道。陰陽雖殊，无一以待之。在陰爲无陰，陰以之生；在陽爲无陽，陽以之成，故曰"一陰一陽"也。

[一三] 仁者資道以見其仁，知者資道以見其知，各盡其分。

[一四] 君子體道以爲用也。仁知則滯於所見，百姓則日用而不知。體斯道者，不亦鮮矣？故"常无欲，以觀其妙"，始可以語至而言極也。

顯諸仁，藏諸用，[一] 鼓萬物而不與聖人同憂，[二] 盛德大業至矣哉。[三] 富有之謂大業，[四] 日新之謂盛德，[五] 生生之謂易，[六] 成象之謂乾，[七] 效法之謂坤，[八] 極數知來之謂占，通變之謂事，[九] 陰陽不測之謂神。[一〇] 夫易，廣矣大矣。以言乎遠則不禦，[一一] 以言乎邇則靜而正，[一二] 以言乎天地之間則備矣。夫乾，其靜也專，其動也直，是以大生焉。[一三] 夫坤，其靜也翕，其動也闢，是以廣生焉。[一四] 廣大配天地，變通配四時，陰陽之義配日月，易簡之善配至德。[一五] 子曰："易其至矣乎？夫易，聖人所以崇德而廣業也。[一六] 知崇禮卑，[一七] 崇效天，卑法地。[一八] 天地設位，而易行乎其中矣。[一九] 成性存存，道義之門。"[二〇]

〔一〕衣被萬物，故曰"顯諸仁"。日用而不知，故曰"藏諸用"〔一〕。

〔二〕萬物由之以化，故曰"鼓萬物"也。聖人雖體道以爲用，未能全无以爲體，故順通天下，則有經營之功也〔二〕。

〔三〕夫物之所以通，事之所以理，莫不由乎道也。聖人功用之母，體同乎道，盛德大業，所以能至。

〔四〕廣大悉備，故曰"富有"。

〔五〕體化合變，故曰"日新"。

〔六〕陰陽轉易，以成化生。

〔七〕擬乾之象。

〔八〕效坤之法。

〔九〕物窮則變，變而通之，事之所由生也。

〔一〇〕神也者，變化之極，妙萬物而爲言，不可以形詰者也，故曰"陰陽不測"。嘗試論之曰：原夫兩儀之運，萬物之動，豈有使之然哉！莫不獨化於大虛，欻爾而自造矣。造之非我，理自玄應；化之无主，數自冥運，故不知所以然，而況之神。是以明兩儀以大極爲始，言變化而稱極乎神也〔三〕。夫唯知天之所爲者，窮理體化，坐忘遺照。至虛而善應，則以道爲稱；不思而玄覽，則以神爲名。蓋資道而

─────────

〔一〕故曰藏諸用 南宋八行注疏本、岳本句末有"也"字。
〔二〕則有經營之功也 "功"，天祿琳瑯本、南宋建陽本同；南宋八行注疏本此注及疏，以及南宋單疏《正義》作"迹"、岳本作"迹"。按：《釋文》出"則有經營之功也"，謂"一本'功'作'迹'"。據下文校勘，則似天祿琳瑯本、南宋建陽本爲一系統，而岳本與南宋八行注疏本、單疏本爲一系統。
〔三〕言變化而稱極乎神也 "言"，底本原缺，今據天祿琳瑯本、南宋建陽本、岳本、南宋八行注疏本、《周易要義》補。

同乎道，由神而冥於神者也[一]。

[一一] 窮幽極深，无所止也。

[一二] 則近而當。

[一三] 專，專一也。直，剛正也。

[一四] 翕，斂也。止則翕斂其氣，動則闢開以生物也。乾統天首物，爲變化之元，通乎形外者也；坤則順以承陽，功盡於已用，止乎形者也。故乾以專直言乎其材，坤以翕闢言乎其形。

[一五] 易之所載配此四義。

[一六] 窮理入神，其德崇也。兼濟萬物，其業廣也。

[一七] 知以崇爲貴，禮以卑爲用。

[一八] 極知之崇，象天高而統物；備禮之用，象地廣而載物也。

[一九] 天地者，易之門户。而易之爲義，兼周萬物，故曰"行乎其中矣"。

[二〇] 物之存成，由乎道義也。

聖人有以見天下之賾，而擬諸其形容，象其物宜，[一]是故謂之象；聖人有以見天下之動，而觀其會通，以行其典禮，[二]繫辭焉以斷其吉凶，是故謂之爻。言天下之至賾而不可惡也，言天下之至動而不可亂也。[三]擬之而後言，議之而後動，擬議以成其變化。[四]"鳴鶴在陰，其子和之。我有好爵，吾與爾靡之。"[五]子曰："君子居其室，出其言善，則千里之外應之，況其邇者乎；居其室，出其言不善，

───────

〔一〕 由神而冥於神者也 南宋八行注疏本、岳本無"者"字。按：孔疏標引注文，亦無"者"字。

則千里之外違之,況其邇者乎。言出乎身,加乎民;行發乎邇,見乎遠。言行,君子之樞機。^[六]樞機之發,榮辱之主也。言行,君子之所以動天地也,可不慎乎?""同人,先號咷而後笑。"子曰:"君子之道,或出或處,或默或語,二人同心,其利斷金。^[七]同心之言,其臭如蘭。"

[一]乾剛坤柔,各有其體,故曰"擬諸形容"。

[二]典禮,適時之所用。

[三]《易》之爲書,不可遠也。惡之則逆於順,錯之則乖於理。

[四]擬議以動,則盡變化之道。

[五]鶴鳴則子和,脩誠則物應。我有好爵,與物散之,物亦以善應也。明擬議之道,繼以斯義者,誠以吉凶失得存乎所動。同乎道者,道亦得之;同乎失者,失亦違之。莫不以同相順,以類相應。動之斯來,綏之斯至。鶴鳴于陰,氣同則和。出言戶庭,千里或應。出言猶然,況其大者乎;千里或應,況其邇者乎。故夫憂悔吝者,存乎纖介;定失得者,慎於樞機。是以君子擬議以動,慎其微也。

[六]樞機,制動之主。

[七]同人終獲"後笑"者,以有同心之應也。夫所況同者,豈係乎一方哉!君子出處默語,不違其中,則其迹雖異,道同則應。

"初六:藉用白茅,无咎。"子曰:"苟錯諸地而可矣,藉之用茅,何咎之有?慎之至也。夫茅之爲物薄,而用可重也。慎斯術也以往,其无所失矣。""勞謙,君子有終,吉。"子曰:"勞而不伐,有功而不德,厚之至也。語以其功下人者也。德言盛,禮言恭。謙也者,致恭以存其位者也。""亢龍有悔。"子曰:"貴而无位,高而无民,賢人在下,位而无輔,是以動而有悔也。""不出戶庭,无咎。"子曰:"亂之所生也,則言語以爲階。君不密則失臣,臣不密則失身,幾事不密則害成。是以君子慎密而不出也。"子曰:"作《易》者,其知盜乎?[一]《易》曰:'負且乘,致寇至。'負也者,小人之事也。乘也者,君子之器也。小人而乘君子之器,盜思奪之矣。上慢下暴,盜思伐之矣。慢藏誨盜,冶容誨淫。《易》曰'負且乘,致寇至',盜之招也。"

[一] 言盜亦乘釁而至也。

大衍之數五十,其用四十有九。[一]分而爲二以象兩,掛一以象三,揲之以四以象四時,歸奇於扐以象閏。五歲再閏,故再扐而後掛。[二]天數五,[三]地數五,[四]五位相得而各有合。[五]天數二十有五,[六]地數三十,[七]凡天地之數五十有五,此所以成變化而行鬼神也。[八]乾之策二百一十有六,[九]坤之策百四十有四,[一〇]凡三百有六十,當期之日。二篇之策,萬有一千五百二十,當萬物之數也。[一一]是故四營而成易,[一二]十有八變而成卦,八卦而小成。引而伸之,[一三]觸類而長之,天下之能事畢矣。顯道,[一四]神德行,[一五]是故可與酬酢,可與祐神矣。[一六]

[一] 王弼曰:"演天地之數,所賴者五十也。其用四十有九,則其一不用也。不用而用以之通,非數而數以之成,斯易之太極也。四十有九,數之極也。夫无不可以无明,必因於有,

故常於有物之極，而必明其所由之宗也。"

〔二〕奇，况四揲之餘，不足復揲者也。分而爲二，既揲之餘，合掛於一，故曰"再扐而後掛"。凡閏，十九年七閏爲一章，五歲再閏者二，故略舉其凡也。

〔三〕五奇也。

〔四〕五耦也。

〔五〕天地之數各五，五數相配，以合成金、木、水、火、土。

〔六〕五奇合爲二十五。

〔七〕五耦合爲三十。

〔八〕變化以此成，鬼神以此行。

〔九〕陽爻六，一爻三十六策，六爻二百一十六策。

〔一〇〕陰爻六，一爻二十四策，六爻一百四十四策。

〔一一〕二篇三百八十四爻，陰陽各半，合萬一千五百二十策。

〔一二〕分而爲二以象兩，一營也；掛一以象三，二營也；揲之以四，三營也；歸奇於扐，四營也。

〔一三〕伸之六十四卦。

〔一四〕顯，明也。

〔一五〕由神以成其用。

〔一六〕可與應對萬物之求助，成神化之功也。酬酢，猶應對也。

子曰："知變化之道者，其知神之所爲乎？"〔一〕易有聖人之道四焉：以言者尚其辭，以動者尚其變，以制器者尚其象，以卜筮者尚其占。〔二〕是以君子將有爲也，將有行也，問焉而以言。其受命也如響，无有遠近幽深，遂知來物。非天下之至精，其孰能與於此？參伍以變，錯綜其數。通其變，遂成天地之文；極其數，遂定天下之象。非天下之至變，其孰能與於此？易无思也，无爲也，寂然不動，感而遂通天下之故，非天下之至神，其孰能與於此？[三]夫易，聖人之所以極深而研幾也。唯深也，故能通天下之志；唯幾也，故能成天下之務；[四]唯神也，故不疾而速，不行而至。子曰"易有聖人之道四焉"者，此之謂也。[五]

[一]夫變化之道，不爲而自然。故知變化者，則知神之所爲。

[二]此四者存乎器象，可得而用也。

[三]夫非忘象者，則无以制象；非遺數者，无以極數。至精者，无籌策而不可亂；至變者，體一而无不周；至神者，寂然而无不應。斯蓋功用之母，象數所由立。故曰非"至精""至變""至神"，則不得與於斯也。

[四]極未形之理則曰"深"，適動微之會則曰"幾"。

[五]四者由聖道以成，故曰"聖人之道"。

天一，地二；天三，地四；天五，地六；天七，地八；天九，地十。[一]子曰："夫易，何爲者也？夫易，開物成務，冒天下之道，如斯而已者也。"[二]是故聖人以通天下之志，以定天下之業，以斷天下之疑。是故蓍之德圓而神，卦之德方以知，[三]六爻之義易以貢。[四]聖人以此洗心，[五]退藏於密，[六]吉凶與民同患。[七]神以知來，知以藏往，[八]其孰能與此哉？古之聰明叡知神武而不殺者夫！[九]是以明於天之道，而察於民之故，是興神物以前民用。[一〇]聖人以此齊戒，[一一]以神明其德夫。是故闔户謂之坤，[一二]闢户謂之乾。[一三]一闔一闢謂之變，往來不窮謂之通。見乃謂之象，[一四]形乃謂之器，[一五]制而用之謂之法。利用出入，

民咸用之謂之神。

[一] 易以極數通神明之德，故明易之道，先舉天地之數也。

[二] 冒，覆也。言易通萬物之志，成天下之務〔一〕，其道可以覆冒天下也。

[三] 圓者運而不窮，方者止而有分。言蓍以圓象神，卦以方象知也。唯變所適，无數不周，故曰"圓"；卦列爻分，各有其體，故曰"方"也。

[四] 貢，告也。六爻變易，以告吉凶。

[五] 洗濯萬物之心。

[六] 言其道深微，萬物日用而不能知其原，故曰"退藏於密"，猶"藏諸用"也。

[七] 表吉凶之象，以同民所憂患之事，故曰"吉凶與民同患"也。

[八] 明蓍卦之用，同神知也。蓍定數於始，於卦爲來；卦成象於終，於蓍爲往。往來之用相成，猶神知也。

[九] 服萬物而不以威刑也。

[一〇] 定吉凶於始也。

[一一] 洗心曰"齊"，防患曰"戒"。

[一二] 坤道包物。

[一三] 乾道施生。

[一四] 兆見曰"象"。

[一五] 成形曰"器"。

〔一〕 成天下之務 "務"，底本原作"志"，今據天祿琳瑯本、南宋建陽本、岳本、南宋八行注疏本改。

是故易有大極，是生兩儀，^[一]兩儀生四象，四象生八卦，^[二]八卦定吉凶，^[三]吉凶生大業。^[四]是故法象莫大乎天地，變通莫大乎四時，縣象著明莫大乎日月，崇高莫大乎富貴。^[五]備物致用，立成器以爲天下利，莫大乎聖人。探賾索隱，鉤深致遠，以定天下之吉凶，成天下之亹亹者，莫大乎蓍龜。是故天生神物，聖人則之；天地變化，聖人效之。天垂象，見吉凶，聖人象之；河出圖，洛出書，聖人則之。易有四象，所以示也；繫辭焉，所以告也；定之以吉凶，所以斷也。《易》曰："自天祐之，吉无不利。"子曰："祐者，助也。天之所助者，順也；人之所助者，信也。履信思乎順，又以尚賢也。是以自天祐之，吉无不利也。"

[一] 夫有必始於无，故大極生兩儀也。大極者，无稱之稱，不可得而名，取其有之所極，況之大極者也。

[二] 卦以象之。

[三] 八卦既立，則吉凶可定。

[四] 既定吉凶，則廣大悉備。

[五] 位所以一天下之動，而濟萬物。

子曰："書不盡言，言不盡意。"然則聖人之意，其不可見乎？子曰："聖人立象以盡意，設卦以盡情僞，繫辭焉以盡其言，變而通之以盡利，^[一]鼓之舞之以盡神。"乾坤其易之緼邪？^[二]乾坤成列，而易立乎其中矣。乾坤毀，則无以見易。易不可見，則乾坤或幾乎息矣。是故形而上者謂之道，形而下者謂之器，化而裁之謂之變，^[三]推而行之謂之通，^[四]舉而錯之天下之民謂之事業。^[五]是故夫象，聖人有以見天下之賾,而擬諸其形容,象其物宜,是故謂之象;聖人有以見天下之動,而觀其會通,以行其典禮,繫辭焉以斷其吉凶,是故謂之爻。極天下之賾者存乎卦,鼓天下之動者存乎辭,[六]化而裁之存乎變,推而行之存乎通,神而明之存乎其人。[七]默而成之,不言而信,存乎德行。[八]

[一] 極變通之數,則盡利也。故曰"易窮則變,變則通,通則久"。

[二] 縕,淵奧也。

[三] 因而制其會通,適變之道也。

[四] 乘變而往者,無不通也。

[五] 事業所以濟物,故舉而錯之於民。

[六] 辭,爻辭也。爻以鼓動,效天下之動也。

[七] 體神而明之,不假於象,故存乎其人。

[八] 德行,賢人之德行也。順足於內,故默而成之也。體與理會,故不言而信也。

周易繫辭下第八

周易繫辭下第八

韓康伯　注

　　八卦成列，象在其中矣。[一]因而重之，爻在其中矣。[二]剛柔相推，變在其中矣。繫辭焉而命之，動在其中矣。[三]吉凶悔吝者，生乎動者也。[四]剛柔者，立本者也。變通者，趣時者也。[五]吉凶者，貞勝者也。[六]天地之道，貞觀者也。[七]日月之道，貞明者也。天下之動，貞夫一者也。夫乾，確然示人易矣；夫坤，隤然示人簡矣。[八]爻也者，效此者也。象也者，像此者也。爻象動乎內，[九]吉凶見乎外，[一〇]功業見乎變，[一一]聖人之情見乎辭。[一二]天地之大德曰生，[一三]聖人之大寶曰位。[一四]何以守位？曰仁。何以聚人？曰財。[一五]理財正辭，禁民爲非曰義。

[一] 備天下之象也。

[二] 夫八卦備天下之理，而未極其變。故因而重之，以象其動用；擬諸形容，以明治亂之宜；觀其所應，以著適時之功。則爻卦之義，所存各異，故爻在其中矣。

[三] 剛柔相推，況八卦相盪，或否或泰；繫辭焉而斷其吉凶，況之六爻，動以適時者也。立卦之義，則見於象、彖；適時之功，則存之爻辭。王氏之《例》詳矣。

[四] 有變動而後有吉凶。

［五］立本況卦，趣時況爻。

［六］貞者，正也，一也。夫有動則未免乎累，殉吉則未離乎凶。盡會通之變，而不累於吉凶者，其唯貞者乎？《老子》曰："王侯得一，以爲天下貞。"萬變雖殊，可以執一御也。

［七］明夫天地萬物，莫不保其貞，以全其用也。

［八］確，剛貌也。隤，柔貌也。乾坤皆恒一其德，物由以成，故簡易也。

［九］兆數見於卦也。

［一〇］失得驗於事也。

［一一］功業由變以興，故見乎變也。

［一二］辭也者，各指其所之，故曰"情"也。

［一三］施生而不爲，故能常生，故曰"大德"也。

［一四］夫无用則无所寶，有用則有所寶也。无用而常足者，莫妙乎道；有用而弘道者，莫大乎位，故曰"聖人之大寶曰位"。

［一五］財所以資物生也。

古者包犧氏之王天下也，仰則觀象於天，俯則觀法於地，觀鳥獸之文與地之宜，［一］近取諸身，遠取諸物，於是始作八卦，以通神明之德，以類萬物之情。作結繩而爲罔罟，以佃以漁，蓋取諸離。［二］包犧氏沒，神農氏作，斲木爲耜，揉木爲耒，耒耨之利，以教天下，蓋取諸益。［三］日中爲市，致天下之民，聚天下之貨，交易而退，各得其所，蓋取諸噬嗑。［四］神農氏沒，黃帝、堯、舜氏作，通其變，使民不倦；［五］神而化之，使民宜之。易窮則變，變則通，通則久，［六］是以自天祐之，吉无不利。黃帝、堯、舜垂衣裳而天下治，蓋取諸乾、坤。［七］刳木爲舟，剡木爲楫，舟楫之利，以濟不通，致遠以利天下，〔蓋取諸渙。[八] 服牛乘馬，引重致遠，以利天下，〕[一] 蓋取諸隨[九]。重門擊柝，以待暴客[二]，蓋取諸豫[一〇]。斷木爲杵，掘地爲臼，臼杵之利，萬民以濟，蓋取諸小過[一一]。弦木爲弧，剡木爲矢，弧矢之利，以威天下，蓋取諸睽[一二]。上古穴居而野處，後世聖人易之以宮室，上棟下宇，以待風雨，蓋取諸大壯[一三]。古之葬者，厚衣之以薪，葬之中野，不封不樹，喪期无數；後世聖人易之以棺椁[三]，蓋取諸大過[一四]。上古結繩而治，後世聖人易之以書契，百官以治，萬民以察，蓋取諸夬[一五]。

［一］聖人之作易，无大不極，无微不究。大則取象天地，細則觀鳥獸之文，與地之宜也。

［二］離，麗也。罔罟之用，必審物之所麗也。魚麗于水，獸麗于山也。

［三］制器致豐，以益萬物。

［四］噬嗑，合也。市人之所聚，異方之所合，設法以合物，噬嗑之義也。

［五］通物之變，故樂其器用，不懈倦也。

［六］通變則無窮，故可久。

［七］垂衣裳以辨貴賤，乾尊坤卑之義也。

〔一〕自"蓋取諸渙"至"以利天下"十六字，以及渙下注文，底本脱，今據天祿琳瑯本補。
〔二〕以待暴客 "暴"，底本原作"賓"，誤。今據天祿琳瑯本、南宋建陽本、南宋八行注疏本、岳本改。
〔三〕後世聖人易之以棺椁 "世"，底本原作"之"，誤。今據天祿琳瑯本、南宋建陽本、南宋八行注疏本、岳本改。

［八］渙者，乘理以散動也。

［九］隨，隨宜也。服牛乘馬，隨物所之，各得其宜也。

［一〇］取其備豫。

［一一］以小用而濟物也。

［一二］睽，乖也。物乖則爭興，弧矢之用，所以威乖爭也。

［一三］宮室壯大於穴居，故制爲宮室，取諸大壯也。

［一四］取其過厚。

［一五］夬，決也。書契所以決斷萬事也。

　　是故易者，象也。象也者，像也。彖者，材也。[一]爻也者，效天下之動者也。是故吉凶生而悔吝著也。陽卦多陰，陰卦多陽，其故何也？陽卦奇，陰卦耦。[二]其德行何也？[三]陽一君而二民，君子之道也。陰二君而一民，小人之道也。[四]《易》曰："憧憧往來，朋從爾思。"[五]子曰："天下何思何慮？天下同歸而殊塗，一致而百慮，天下何思何慮？[六]日往則月來，月往則日來，日月相推而明生焉。寒往則暑來，暑往則寒來，寒暑相推而歲成焉。往者屈也，來者信也，屈信相感而利生焉。尺蠖之屈，以求信也。龍蛇之蟄，以存身也。精義入神，以致用也。[七]利用安身，以崇德也。[八]過此以往，未之或知也。窮神知化，德之盛也。"

［一］材，才德也。彖言成卦之材，以統卦義也。

［二］夫少者，多之所宗；一者，衆之所歸。陽卦二陰，故奇爲之君；陰卦二陽，故耦爲之主。

［三］辨陰陽二卦之德行也。

［四］陽，君道也。陰，臣道也。君以无爲統衆，无爲則一也。臣

以有事代終，有事則二也。故陽爻畫奇，以明君道必一；陰爻畫兩，以明臣體必二，斯則陰陽之數，君臣之辨也。以一爲君，君之德也。二居君位，非其道也。故陽卦曰"君子之道"，陰卦曰"小人之道"也。

［五］天下之動，必歸乎一，思以求朋，未能一也。一以感物，不思而至。

［六］夫少則得，多則惑。塗雖殊，其歸則同；慮雖百，其致不二。苟識其要，不在博求；一以貫之，不慮而盡矣。

［七］精義，物理之微者也。神寂然不動，感而遂通，故能乘天下之微，會而通其用也。

［八］利用之道，皆安其身而後動也。精義由於入神，以致其用；利用由於安身，以崇其德。理必由乎其宗，事各本乎其根。歸根則寧，天下之理得也。若役其思慮，以求動用，忘其安身，以殉功美，則僞彌多而理愈失，名彌美而累愈彰矣。

《易》曰："困于石，據于蒺藜，入于其宮，不見其妻，凶。"子曰："非所困而困焉，名必辱。非所據而據焉，身必危。既辱且危，死期將至，妻其可得見邪？"《易》曰："公用射隼于高墉之上，獲之，无不利。"子曰："隼者，禽也。弓矢者，器也。射之者，人也。君子藏器於身，待時而動，何不利之有。動而不括，是以出而有獲。語成器而動者也。"〔一〕子曰："小人不恥不仁，不畏不義，不見利不勸，不威不懲。小懲而大誡，此小人之福也。《易》曰：'屨校滅趾〔一〕，无咎。'此之謂也。善不積，不足以成名；惡不

〔一〕屨校滅趾　"屨"，底本原作"履"，今據天祿琳瑯本、南宋建陽本、南宋八行注疏本、岳本改。

積，不足以滅身。小人以小善爲无益而弗爲也，以小惡爲无傷而弗去也，故惡積而不可揜，罪大而不可解。《易》曰：'何校滅耳，凶。'"子曰："危者，安其位者也；亡者，保其存者也；亂者，有其治者也。是故君子安而不忘危，存而不忘亡，治而不忘亂，是以身安而國家可保也。《易》曰：'其亡其亡，繫于苞桑。'"子曰："德薄而位尊，知小而謀大，力少而任重，鮮不及矣。《易》曰：'鼎折足，覆公餗，其形渥，凶。'言不勝其任也。"子曰："知幾其神乎？君子上交不諂，下交不瀆，其知幾乎！[二] 幾者，動之微，吉之先見者也。[三] 君子見幾而作，不俟終日。《易》曰：'介于石，不終日，貞吉。'介如石焉，寧用終日，斷可識矣。[四] 君子知微知彰，知柔知剛，萬夫之望。"[五] 子曰："顔氏之子，其殆庶幾乎？有不善未嘗不知，知之未嘗復行也。[六]《易》曰：'不遠復，无祇悔[一]，元吉。'[七] 天地絪縕，萬物化醇，男女構精，萬物化生。《易》曰：'三人行，則損一人；一人行，則得其友[二]。'言致一也。"[八] 子曰："君子安其身而後動，易其心而後語，定其交而後求。君子修此三者，故全也。危以動，則民不與也。懼以語，則民不應也。无交而求，則民不與也。莫之與，則傷之者至矣。《易》曰：'莫益之，或擊之，立心勿恒，凶。'"[九]

　　[一] 括，結也。君子待時而動，則无結閡之患也。

〔一〕无祇悔　"祇"，底本原作"祇"，天祿琳瑯本、南宋建陽本、南宋八行注疏本、岳本作"祇"。按：據復卦爻辭當作"祇"。黃侃曰："氏、是古通用。王肅作禔，證知祇從氏，非從氏也。"因改。韓注二"祇"字倣此。

〔二〕則得其友　"友"，底本原誤作"交"，今據天祿琳瑯本、南宋建陽本、南宋八行注疏本、岳本改。

周易繫辭下第八

［二］形而上者況之道。形而下者況之器。於道不冥而有求焉［一］，未離乎諂也。於器不絕而有交焉，未免乎瀆也。能无諂、瀆，窮理者也。

［三］幾者去无入有，理而未形，不可以名尋，不可以形覩者也。唯神也不疾而速，感而遂通，故能朗然玄照，鑒於未形也。合抱之木，起於毫末；吉凶之彰，始於微兆。故爲吉之先見也。

［四］定之於始，故不待終日也。

［五］此"知幾其神乎"。

［六］在理則昧，造形而悟，顏子之分也。失之於幾，故有不善。得之於二，不遠而復，故知之未嘗復行也。

［七］吉凶者，失得之象也。得二者於理不盡，未至成形，故得不遠而復。舍凶之吉，免夫祇悔，而終獲元吉。祇，大也。

［八］致一而後化成也。

［九］夫虛己存誠，則衆之所不迕也。躁以有求，則物之所不與也。

子曰："乾坤，其易之門邪？"乾，陽物也。坤，陰物也。陰陽合德而剛柔有體，以體天地之撰，［一］以通神明之德。其稱名也，雜而不越，［二］於稽其類，其衰世之意邪？［三］夫易彰往而察來，而微顯闡幽。［四］開而當名，辨物正言，斷辭則備矣。［五］其稱名也小，其取類也大。［六］其旨遠，其辭文，其言曲而中，［七］其事肆而隱。［八］因貳以濟民行，以明失得之報。［九］

［一］撰，數也。

〔一〕於道不冥而有求焉 "冥"，底本、天禄琳瑯本同作"宜"，南宋建陽本、南宋八行注疏本、岳本皆作"冥"。據文義，作"冥"是，因改。

243

［二］備物極變，故其名雜也。各得其序，不相逾越，況爻繇之辭也。

［三］有憂患而後作《易》，世衰則失得彌彰，爻繇之辭，所以辨失得[一]，故知衰世之意邪。稽，猶考也。

［四］易无往不彰，无來不察，而微以之顯，幽以之闡。闡，明也。

［五］開釋爻卦，使各當其名也。理類辨明，故曰"斷辭"也。

［六］託象以明義，因小以喻大。

［七］變化无恒，不可爲典要，故其言曲而中也。

［八］事顯而理微也。

［九］貳，則失得也。因失得以通濟民行，故明失得之報也。"失得之報"者：得其會則吉，乖其理則凶。

《易》之興也，其於中古乎？作《易》者，其有憂患乎？[一]是故履，德之基也。[二]謙，德之柄也。復，德之本也。[三]恒，德之固也。[四]損，德之修也。益，德之裕也。[五]困，德之辨也。[六]井，德之地也。[七]巽，德之制也。[八]履，和而至。[九]謙，尊而光。復，小而辨於物。[一〇]恒，雜而不厭。[一一]損，先難而後易。[一二]益，長裕而不設。[一三]困，窮而通。[一四]井，居其所而遷。[一五]巽，稱而隱。[一六]履以和行。謙以制禮。復以自知。[一七]恒以一德。[一八]損以遠害。[一九]益以興利。困以寡怨。[二〇]井以辯義。[二一]巽以行權。[二二]

［一］无憂患則不爲而足也。

［二］基，所蹈也。

［三］夫動本於靜，語始於默，復者，各反其所始，故爲德之本也。

〔一〕 所以辨失得 "辨"，天祿琳瑯本、南宋建陽本、岳本同，南宋八行注疏本作"辯"。俗本作"明"，非也。

244

〔四〕固，不傾移也。

〔五〕能益物者，其德寬大也。

〔六〕困而益明。

〔七〕所處不移，象居得其所也。

〔八〕巽，所以申命明制也。

〔九〕和而不至，從物者也。和而能至，故可履也。

〔一〇〕微而辨之，不遠復也。

〔一一〕雜而不厭，是以能恒。

〔一二〕刻損以脩身，故先難也。身脩而无患，故後易也。

〔一三〕有所興爲，以益於物，故曰"長裕"。因物興務，不虛設也。

〔一四〕處窮而不屈其道也。

〔一五〕改邑不改井，井所居不移，而能遷其施也。

〔一六〕稱揚命令，而百姓不知其由也。

〔一七〕求諸己也。

〔一八〕以一爲德也。

〔一九〕止於修身，故可以遠害而已。

〔二〇〕困而不濫，无怨於物。

〔二一〕施而无私，義之方也。

〔二二〕權反經而合道，必合乎巽順，而後可以行權也。

《易》之爲書也不可遠，[一]爲道也屢遷，變動不居，周流六虛，[二]上下无常，剛柔相易，不可爲典要，[三]唯變所適。[四]其出入以度，外内使知懼。[五]又明於憂患與故。[六]无有師保，如臨父母。[七]初率其辭而揆其方，既有典常。[八]苟非其人，道不虛行。

［一］擬議而動，不可遠也。

［二］六虛，六位也。

［三］不可立定準也。

［四］變動貴乎適時，趣舍存乎會也。

［五］明出入之度，使物知外內之戒也。出入猶行藏，外內猶隱顯。遯以遠時爲吉，豐以幽隱致凶，漸以高顯爲美，明夷以虛昧利貞，此外內之戒也。

［六］故，事故也。

［七］安而不忘危，存而不忘亡。終日乾乾，不可以息也〔一〕。

［八］能循其辭以度其義，原其初以要其終，則唯變所適，是其常典也。明其變者，存其要也，故曰"苟非其人，道不虛行"。

《易》之爲書也，原始要終，以爲質也。［一］六爻相雜，唯其時物也。［二］其初難知，其上易知，本末也。初辭擬之，卒成之終。［三］若夫雜物撰德，辯是與非，則非其中爻不備。噫！亦要存亡吉凶，則居可知矣。知者觀其彖辭，則思過半矣。［四］二與四同功［五］而異位，［六］其善不同。二多譽，［七］四多懼，近也。［八］柔之爲道，不利遠者，其要无咎，其用柔中也。［九］三與五同功［一○］而異位，［一一］三多凶，五多功，貴賤之等也。其柔危，其剛勝邪。［一二］

［一］質，體也。卦兼終始之義也。

［二］爻各存乎其時。物，事也。

［三］夫事始於微而後至於著。初者，數之始，擬議其端，故難知

〔一〕不可以息也　"息"，底本及天祿琳瑯本原作"殆"，今據南宋建陽本、南宋八行注疏本、岳本改。

246

也。上者，卦之終，事皆成著，故易知也。

[四] 夫象者，舉立象之統，論中爻之義，約以存博，簡以兼衆，雜物撰德，而一以貫之。形之所宗者道，衆之所歸者一。其事彌繁，則愈滯乎形；其理彌約，則轉近乎道。象之爲義，存乎一也。一之爲用，同乎道矣。形而上者，可以觀道；過半之益，不亦宜乎。

[五] 同陰功也。

[六] 有內外也。

[七] 二處中[一]，故多譽也。

[八] 位逼於君，故多懼也。

[九] 四之多懼，以近君也。柔之爲道，須援而濟，故有不利遠者。二之能无咎，柔而處中也。

[一〇] 同陽功也。

[一一] 有貴賤也。

[一二] 三、五陽位，柔非其位，處之則危。居以剛健，勝其任也。夫所貴剛者，閑邪存誠，動而不違其節者也。所貴柔者，含弘居中，順而不失其貞者也。若剛以犯物，則非剛之道；柔以卑佞，則非柔之義也。

《易》之爲書也，廣大悉備，有天道焉，有人道焉，有地道焉，兼三材而兩之，故六。六者非它也，三材之道也。[一]道有變動，故曰爻。爻有等，故曰物。[二]物相雜，故曰文。[三]文不當，故吉凶生焉。《易》之興也，其當殷

─────────────

〔一〕二處中 "中"，天祿琳瑯本同，南宋建陽本、岳本、南宋八行注疏本"中"字後有"和"字。

之末世、周之盛德邪^[一]？當文王與紂之事邪？^[四]是故其辭危。^[五]危者使平，易者使傾。^[六]其道甚大，百物不廢。懼以終始，其要无咎。此之謂易之道也。^[七]

[一]《說卦》備矣。

[二] 等，類也。乾，陽物也。坤，陰物也。爻有陰陽之類，而後有剛柔之用，故曰"爻有等，故曰物"^[二]。

[三] 剛柔交錯，玄黃相雜。

[四] 文王以盛德蒙難而能亨其道，故稱文王之德以明易之道也。

[五] 文王與紂之事，危其辭也。

[六] 易，慢易也。

[七] 夫文不當而吉凶生，則保其存者亡，不忘亡者存；有其治者亂，不忘危者安。懼以終始，歸於无咎，安危之所由，爻象之大體也。

夫乾，天下之至健也，德行恒易以知險。夫坤，天下之至順也，德行恒簡以知阻。能說諸心，能研諸侯之慮，^[一]定天下之吉凶，成天下之亹亹者。是故變化云爲，吉事有祥；象事知器，占事知來。^[二]天地設位，聖人成能；^[三]人謀鬼謀，百姓與能。^[四]八卦以象告，^[五]爻象以情言。^[六]剛柔雜居，而吉凶可見矣。變動以利言，^[七]吉凶以情遷。^[八]是故愛惡相攻而吉凶生，^[九]遠近相取而悔吝生，^[一〇]情僞

〔一〕 周之盛德邪 "邪"，底本原作"耶"，今據天禄琳琅本、南宋建陽本、南宋八行注疏本、岳本改。

〔二〕 故曰爻有等故曰物 天禄琳琅本、南宋八行注疏本同，南宋建陽本誤作"故曰物"，岳本誤作"故曰爻，爻有等，故曰物"。

相感而利害生。[一一]凡易之情，近而不相得則凶，[一二]或害之，悔且吝。[一三]將叛者其辭慙，中心疑者其辭枝；吉人之辭寡，躁人之辭多；誣善之人其辭游，失其守者其辭屈。

[一] 諸侯，物主有爲者也。能説萬物之心，能精爲者之務。

[二] 夫"變化云爲"者，行其吉事，則獲嘉祥之應；觀其象事，則知制器之方；玩其占事，則覩方來之驗也。

[三] 聖人乘天地之正，萬物各成其能。

[四] 人謀，況議於衆以定失得也；鬼謀，況寄卜筮以考吉凶也。不役思慮，而失得自明；不勞探射，而吉凶自著。類萬物之情，通幽深之故，故百姓與能，樂推而不厭也。

[五] 以象告人。

[六] 辭有險易，而各得其情也。

[七] 變而通之以盡利也。

[八] 吉凶无定，唯人所動。情順乘理以之吉，情逆違道以蹈凶，故曰"吉凶以情遷"也。

[九] 泯然同順，何吉何凶？愛惡相攻，然後逆順者殊，故吉凶生。

[一〇] 相取，猶相資也。遠近之爻，互相資取，而後有悔吝也。

[一一] 情以感物則得利，僞以感物則致害也。

[一二] 近，況比爻也。易之情，剛柔相摩，變動相適者也。近而不相得，必有乖違之患。或有相違而无患者，得其應也；相順而皆凶者，乖於時也。存事以考之，則義可見矣。

[一三] 夫无對於物而後盡全順之道，豈可有欲害之者乎？雖能免濟，必有悔吝也。或，欲害之辭也。

周易說卦第九

周易説卦第九

韓康伯　注

昔者聖人之作《易》也，幽贊於神明而生蓍，[一]參天兩地而倚數，[二]觀變於陰陽而立卦，[三]發揮於剛柔而生爻，[四]和順於道德而理於義[一]，窮理盡性以至於命。[五]

［一］幽，深也。贊，明也。蓍受命如響，不知所以然而然也。

［二］參，奇也。兩，耦也。七、九陽數，六、八陰數。

［三］卦，象也。蓍，數也。卦則雷風相薄，山澤通氣，擬象陰陽變化之體；蓍則錯綜天地參兩之數。蓍極數以定象，卦備象以盡數，故蓍曰"參天兩地而倚數"，卦曰"觀變於陰陽"也。

［四］剛柔發散，變動相生。

［五］命者，生之極，窮理則盡其極也。

昔者聖人之作《易》也，將以順性命之理。是以立天之道，曰陰與陽；立地之道，曰柔與剛；[一]立人之道，曰

〔一〕和順於道德而理於義　南宋建陽本此句下有小注"易所以和天道，明地德，理行義也"十三字。按：山井鼎《七經孟子考文》載："（古本）經文'和順於道德而理於義'下有'易所以和天道，明地德，理行義'十二字注。足利本同。但足利本'理行義'作'理仁義'也。"天祿琳瑯本、岳本、南宋八行注疏本並無此注。按之孔氏《正義》，未據此注爲釋，亦未出此注文，似孔氏所見本亦無此注。故甚可疑。

253

仁與義。兼三才而兩之，故《易》六畫而成卦。分陰分陽，迭用柔剛，故《易》六位而成章。[二]

　　[一] 在天成象，在地成形。陰陽者，言其氣；剛柔者，言其形。變化始於氣象而後成形。萬物資始乎天，成形乎地，故天曰陰陽，地曰柔剛也。或有在形而言陰陽者，本其始也；在氣而言柔剛者，要其終也。

　　[二] 設六爻以效三才之動，故"六畫而成卦"也。六位，爻所處之位也。二、四爲陰，三、五爲陽，故曰"分陰分陽"；六爻升降，或柔或剛，故曰"迭用柔剛"也。

天地定位，山澤通氣，雷風相薄，水火不相射，八卦相錯，數往者順，知來者逆。[一] 是故易，逆數也。[二]

　　[一]《易》八卦相錯，變化理備[一]。於往則順而知之，於來則逆而數之。

　　[二] 作《易》以逆覩來事，以前民用。

雷以動之，風以散之。雨以潤之，日以烜之。艮以止之，兌以説之。乾以君之，坤以藏之。

帝出乎震，齊乎巽，相見乎離，致役乎坤，説言乎兌，戰乎乾，勞乎坎，成言乎艮。萬物出乎震，震，東方也。齊乎巽，巽，東南也。齊也者，言萬物之絜齊也。離

─────────
〔一〕變化理備　"化"，底本原脱，今據天祿琳瑯本、南宋建陽本、岳本、南宋八行注疏本補。

也者，明也。萬物皆相見，南方之卦也。聖人南面而聽天下，嚮明而治，蓋取諸此也。坤也者，地也，萬物皆致養焉，故曰"致役乎坤"。兌，正秋也，萬物之所說也，故曰"說言乎兌"。"戰乎乾。"乾，西北之卦也，言陰陽相薄也。坎者，水也，正北方之卦也，勞卦也，萬物之所歸也，故曰"勞乎坎"。艮，東北之卦也，萬物之所成終而所成始也，故曰"成言乎艮"。

神也者，妙萬物而爲言者也。[一]動萬物者，〔莫疾乎雷。橈萬物者，〕[一]莫疾乎風。燥萬物者，莫熯乎火。說萬物者，莫說乎澤。潤萬物者，莫潤乎水。終萬物始萬物者，莫盛乎艮。故水火相逮，雷風不相悖，山澤通氣，然後能變化，既成萬物也。

〔一〕於此言神者，明八卦運動、變化推移，莫有使之然者。"神"，則无物；"妙萬物而爲言也"，則雷疾風行，火炎水潤，莫不自然相與爲變化，故能萬物既成也。

乾，健也。坤，順也。震，動也。巽，入也。坎，陷也。離，麗也。艮，止也。兌，說也。

乾爲馬，坤爲牛，震爲龍，巽爲雞，坎爲豕，離爲雉，艮爲狗，兌爲羊。

乾爲首，坤爲腹，震爲足，巽爲股，坎爲耳，離爲目，艮爲手，兌爲口。

〔一〕莫疾乎雷橈萬物者　底本原脱，今據天禄琳瑯本、南宋建陽本、岳本、南宋八行注疏本補。

乾，天也，故稱乎父。坤，地也，故稱乎母。震一索而得男，故謂之長男。巽一索而得女，故謂之長女。坎再索而得男，故謂之中男。離再索而得女，故謂之中女。艮三索而得男，故謂之少男。兌三索而得女，故謂之少女。

乾爲天，爲圜，爲君，爲父，爲玉，爲金，爲寒，爲冰，爲大赤，爲良馬，爲老馬，爲瘠馬，爲駁馬，爲木果。

坤爲地，爲母，爲布，爲釜，爲吝嗇，爲均，爲子母牛，爲大輿，爲文，爲衆，爲柄。其於地也爲黑。

震爲雷，爲龍，爲玄黃，爲旉，爲大塗，爲長子，爲決躁，爲蒼筤竹，爲萑葦。其於馬也爲善鳴，爲馵足，爲作足，爲的顙。其於稼也爲反生。其究爲健，爲蕃鮮。

巽爲木，爲風，爲長女，爲繩直，爲工，爲白，爲長，爲高，爲進退，爲不果，爲臭。其於人也爲寡髮，爲廣顙，爲多白眼，爲近利市三倍，其究爲躁卦。

坎爲水，爲溝瀆，爲隱伏，爲矯輮，爲弓輪。其於人也，爲加憂，爲心病，爲耳痛，爲血卦，爲赤。其於馬也，爲美脊，爲亟心，爲下首，爲薄蹄，爲曳。其於輿也，爲多眚。爲通，爲月，爲盜。其於木也，爲堅多心。

離爲火，爲日，爲電，爲中女，爲甲冑，爲戈兵。其於人也，爲大腹。爲乾卦，爲鱉，爲蟹，爲蠃，爲蚌，爲龜。其於木也，爲科上槁。

艮爲山，爲徑路，爲小石，爲門闕，爲果蓏，爲閽寺，爲指，爲狗，爲鼠，爲黔喙之屬。其於木也，爲堅多節。

兌爲澤，爲少女，爲巫，爲口舌，爲毀折，爲附決。其於地也爲剛鹵。爲妾，爲羊。

周易序卦第十

周易序卦第十

　　有天地，然後萬物生焉。盈天地之間者唯萬物，故受之以屯。屯者，盈也。屯者，物之始生也。^[一]物生必蒙，故受之以蒙。蒙者，蒙也，物之穉也。物穉不可不養也，故受之以需。需者，飲食之道也。飲食必有訟，故受之以訟。^[二]訟必有衆起，故受之以師。師者，衆也。衆必有所比，故受之以比。^[三]比者，比也。比必有所畜，故受之以小畜。^[四]物畜然後有禮，故受之以履。^[五]履而泰然後安，故受之以泰。泰者，通也。物不可以終通，故受之以否。物不可以終否，故受之以同人。^[六]與人同者，物必歸焉，故受之以大有。有大者，不可以盈，故受之以謙。有大而能謙必豫，故受之以豫。豫必有隨，^[七]故受之以隨。以喜隨人者，必有事，故受之以蠱。蠱者，事也。有事而後可大，^[八]故受之以臨。臨者，大也。物大然後可觀，故受之以觀。可觀而後有所合，故受之以噬嗑。^[九]嗑者，合也。物不可以苟合而已，故受之以賁。賁者，飾也。^[一〇]致飾然後亨則盡矣，故受之以剝。^[一一]剝者，剝也。物不可以終盡，剝窮上反下，故受之以復。復則不妄矣，故受之以无妄。有无妄然後可畜，故受之以大畜。物畜然後可養，故受之以頤。頤者，養也。不養則不可動，故受之以大過。^[一二]物不可以終過，故受之以坎。坎者，陷也。^[一三]

陷必有所麗，故受之以離。離者，麗也。[一四]

[一] 屯剛柔始交，故爲物之始生也。
[二] 夫有生則有資，有資則爭興也。
[三] 衆起而不比，則爭无由息；必相親比，而後得寧也。
[四] 比非大通之道，則各有所畜以相濟也。由比而畜，故曰"小畜"，而不能大也。
[五] 履者，禮也。禮所以適用也。故既畜則宜用，有用則須禮也。
[六] 否則思通。人人同志，故可出門同人，不謀而合。
[七] 順以動者，衆之所隨。
[八] 可大之業，由事而生。
[九] 可觀則異方合會也。
[一〇] 物相合，則須飾以脩外也。
[一一] 極飾則實喪也。
[一二] 不養則不可動，養過則厚。
[一三] 過而不已，則陷没也。
[一四] 物窮則變，極陷則反所麗也。

有天地然後有萬物，有萬物然後有男女，有男女然後有夫婦，有夫婦然後有父子，有父子然後有君臣，有君臣然後有上下，有上下然後禮義有所錯。[一] 夫婦之道不可以不久也，故受之以恒。恒者，久也。物不可以久居其所，故受之以遯。遯者，退也。[二] 物不可以終遯，[三] 故受之以大壯。[四] 物不可以終壯，故受之以晉。[五] 晉者，進也。[六] 進必有所傷，故受之以明夷。[七] 夷者，傷也。傷於外者，必反於家，故受之以家人。[八] 家道窮必乖，[九] 故受之以睽。睽者，乖也。乖必有難，故受之以蹇。蹇者，難也。物不可以終難，故受之以解。解者，緩也。緩必有所失，故受之以損。損而不已必益，故受之以益。益而不已必決，[一〇]故受之以夬。夬者，決也。決必有遇，[一一]故受之以姤。姤者，遇也。物相遇而後聚，故受之以萃。萃者，聚也。聚而上者謂之升，故受之以升。升而不已必困，故受之以困。困乎上者必反下，故受之以井。井道不可不革，[一二]故受之以革。革物者莫若鼎，故受之以鼎。[一三]主器者莫若長子，故受之以震。震者，動也。物不可以終動，止之[一]，故受之以艮。艮者，止也。物不可以終止，故受之以漸。漸者，進也。進必有所歸，故受之以歸妹。得其所歸者必大，故受之以豐。豐者，大也。窮大者必失其居，故受之以旅。旅而无所容，故受之以巽。[一四]巽者，入也。入而後説之，故受之以兌。兌者，説也。説而後散之，故受之以涣。[一五]涣者，離也。[一六]物不可以終離，故受之以節。[一七]節而信之，故受之以中孚。[一八]有其信者必行之，故受之以小過。[一九]有過物者必濟，[二〇]故受之以既濟。物不可窮也，故受之以未濟終焉。[二一]

[一] 言咸卦之義也。凡《序卦》所明，非《易》之緼也，蓋因卦之次，託以明義。咸柔上而剛下，感應以相與，夫婦之象，莫美乎斯。人倫之道，莫大乎夫婦。故夫子殷勤深述其義，以崇人倫之始，而不係之於離也。先儒以乾至離爲上經，天道也；咸至未濟爲下經，人事也。夫《易》六畫成卦，三材

〔一〕 止之　天祿琳琅本、南宋八行注疏本同，南宋建陽本、岳本作"動必止之"。

必備，錯綜天人以效變化，豈有天道人事偏於上下哉？斯蓋守文而不求義，失之遠矣。

〔二〕夫婦之道，以恒爲貴。而物之所居，不可以恒，宜與世升降，有時而遯也。

〔三〕遯，君子以遠小人。遯而後亨，何可終邪？則小人遂陵，君子日消也。

〔四〕陽盛陰消，君子道勝。

〔五〕晉以柔而進也。

〔六〕雖以柔而進，要是進也。

〔七〕日中則昃，月盈則食。

〔八〕傷於外，必反脩諸內。

〔九〕室家至親，過在失節。故家人之義，唯嚴與敬〔一〕。樂勝則流，禮勝則離。家人尚嚴，其敝必乖也。

〔一〇〕益而不已則盈，故必決也。

〔一一〕以正決邪，必有嘉遇也。

〔一二〕井久則濁穢，宜革易其故。

〔一三〕革去故，鼎取新。既以去故，則宜制器立法以治新也。鼎所以和齊生物〔二〕，成新之器也，故取象焉。

〔一四〕旅而无所容，以巽則得所入也。

〔一五〕說不可偏係，故宜散也。

〔一六〕渙者發暢而无所壅滯，則殊趣。各肆而不反，則遂乖離也。

〔一七〕夫事有其節，則物之所同守而不散越也。

〔一〕唯嚴與敬　"唯"，底本、天祿琳琅本誤作"雖"，今據南宋建陽本、岳本、南宋八行注疏本改。

〔二〕鼎所以和齊生物　"齊"，底本、天祿琳琅本誤作"濟"，今據南宋建陽本、岳本、南宋八行注疏本改。按：宋本《周易集解》《周易義海撮要》亦引作"齊"。

[一八] 孚，信也，既已有節，則宜信以守之。

[一九] 守其信者，則失貞而不諒之道，而以信爲過，故曰"小過"也。

[二〇] 行過乎恭，禮過乎儉，可以矯世厲俗，有所濟也。

[二一] 有爲而能濟者，以己窮物者也。物窮則乖，功極則亂，其可濟乎？故受之以未濟也。

周易雜卦第十一

周易雜卦第十一 [一]

乾剛坤柔，比樂師憂。[二] 臨觀之義，或與或求。[三] 屯見而不失其居，[四] 蒙雜而著。[五] 震，起也；艮，止也。損、益，盛衰之始也。[六] 大畜，時也；[七] 无妄，災也。[八] 萃聚而升不來也，[九] 謙輕而豫怠也。[一〇] 噬嗑，食也；賁，无色也。[一一] 兌見而巽伏也。[一二] 隨，无故也；蠱，則飭也。[一三] 剝，爛也；[一四] 復，反也。晉，晝也；明夷，誅也。[一五] 井通而困相遇也。[一六] 咸，速也；[一七] 恒，久也。渙，離也；節，止也。解，緩也；蹇，難也。睽，外也；[一八] 家人，內也。否、泰，反其類也。大壯則止，遯則退也。[一九] 大有，衆也；同人，親也。革，去故也；鼎，取新也。小過，過也；中孚，信也。豐，多故也；[二〇] 親寡，旅也。[二一] 離上而坎下也。[二二] 小畜，寡也；[二三] 履，不處也。[二四] 需，不進也；[二五] 訟，不親也。大過，顛也。[二六] 姤，遇也，柔遇剛也。漸，女歸待男行也。[二七] 頤，養正也。既濟，定也。歸妹，女之終也；[二八] 未濟，男之窮也。[二九] 夬，決也，剛決柔也，君子道長，小人道憂也。[三〇]

[一] 雜卦者，雜糅衆卦，錯綜其義。或以同相類，或以異相明也[一]。

〔一〕或以異相明也　此條注，岳本脫去。

267

［二］親比則樂〔一〕，動衆則憂。

［三］以我臨物，故曰"與"；物來觀我，故曰"求"。

［四］屯利建侯，君子經綸之時。雖見而磐桓，利貞不失其居也。

［五］雜者未知所定也。求發其蒙，則終得所定。著，定也。

［六］極損則益，極益則損。

［七］因時而畜，故能大也。

［八］无妄之世，妄則災也。

［九］來，還也。方在上升，故不還也。

［一〇］謙者不自重也〔二〕。

［一一］飾貴合衆，无定色也。

［一二］兑貴顯說，巽貴卑退。

［一三］隨時之宜，不繫於故也。隨則有事，受之以蠱。飭，整治也。蠱所以整治其事也。

［一四］物熟則剥落也。

［一五］誅，傷也。

［一六］井，物所通用而不吝也。困，安於所遇而不濫也。

［一七］物之相應，莫速乎咸。

［一八］相疏外也。

［一九］大正則小人止，小人亨則君子退。

［二〇］高者懼危，滿者戒盈，豐大者多憂故也。

［二一］親寡，故寄旅也。

〔一〕 親比則樂 "親"，底本、天禄琳瑯本作"雜"，非是。今據南宋建陽本、岳本、南宋八行注疏本改。

〔二〕 謙者不自重也 "重也"，天禄琳瑯本、南宋建陽本同，南宋八行注疏本、岳本、《周易要義》作"重大"。阮元《校勘記》曰："《集解》作'不自任也'。"按：《集解》並無此句，蓋阮元《校勘記》誤以浦鏜《正字》所謂"盧本"爲雅雨堂本《集解》也。

〔二二〕火炎上，水潤下。

〔二三〕不足以兼濟也。

〔二四〕王弼云："履卦陽爻，皆以不處其位爲吉也。"

〔二五〕畏險而止也。

〔二六〕本末弱也〔一〕。

〔二七〕女從男也。

〔二八〕女終於出嫁也。

〔二九〕剛柔失位，其道未濟，故曰"窮也"。

〔三〇〕君子以決小人，長其道，小人見決去，爲深憂也。〔二〕

〔一〕本末弱也　"末"，底本及天祿琳瑯本作"未"，南宋建陽本、南宋八行注疏本、岳本皆作"末"。按：此大過《象》《傳》文，作"末"是。今改。

〔二〕小人見決去爲深憂也　此條小注，天祿琳瑯本、南宋建陽本同，岳本、南宋八行注疏本脫去。

周易略例

周易略例序

唐四門助教　邢　璹　注

　　原夫兩儀未位，神用藏於視聽；一氣化矣，至賾隱乎名言。於是河龍負圖，犧皇畫卦；仰觀俯察，遠物近身。八象窮天地之情，六位備剛柔之體。言大道之妙有，一陰一陽；論聖人之範圍，顯仁藏用。寔三元之胎祖，鼓舞財成；爲萬有之蓍龜，知來藏往。是以孔子三絕，未臻樞奧；劉安九師，尚迷宗旨。臣舞《象》之年，鼓篋鱣序。漁獵墳典，偏習《周易》。研究耽玩，無舍寸陰。是知卦之紀綱，周文王之言略矣；象之吉凶，魯仲尼之論備矣。至如王輔嗣《略例》，大則揔一部之指歸，小則明六爻之得失。承乘逆順之理，應變情僞之端，用有行藏，辭有險易。觀之者，可以經緯天地，探測鬼神，匡濟邦家，推辟咎悔。雖人非上聖，亦近代一賢。臣謹依其文，輒爲注解，雖不足敷弘《易》道，庶幾有裨於教義。亦猶螢燐增輝於太陽，涓流助深於巨壑，臣之志也。敢不上聞。

周易略例〔一〕

略　例　上

明　象

　　夫《彖》者，何也？^[一]統論一卦之體，明其所由之主者也。^[二]夫衆不能治衆，治衆者，至寡者也；^[三]夫動不能制動，制天下之動者，貞夫一者也。^[四]故衆之所以得咸存者，主必致一也；^[五]動之所以得咸運者，原必无二也。^[六]

［一］將釋其義，故假設問端，而曰"何"。
［二］統論一卦功用之體。明，辯也。辯卦體功用，所由之主。立
　　 主之義，義在一爻。明，辯也。
［三］萬物是衆，一是寡。衆不能治衆，治衆者至少以治之也。
［四］天下之動，動則不能自制。制其動者，貞之一者也。《老子》
　　 曰："王侯得一以爲天下貞。"然則一爲君體，君體合道；動
　　 是衆，衆由一制也〔二〕。制衆歸一，故靜爲躁君，安爲動主。
［五］致猶歸也。衆得皆存其存，有必歸於一。故無心於存，皆得

〔一〕周易略例　天祿琳瑯本、南宋建陽本作"周易略例第十"，且有雙行小注："略例者，舉釋綱目之名，統明大理之稱。略，不具也；例，舉並也。然以先儒注《易》二十餘家，雖小有異同，而迭相祖述。雖比王氏所見特殊，故作《略例》二篇以辯諸家之惑。錯綜文理，具錄之也。"
〔二〕衆由一制也　"制"，底本原作"致"，誤。今據天祿琳瑯本、南宋建陽本、岳本、宋本《周易集解》改。

其存也。

［六］動所以運運不已者，謂无二動。故無心於動，而動不息也。

物无妄然，必由其理。^[一]統之有宗，會之有元。^[二]故繁而不亂，衆而不惑。^[三]故六爻相錯，可舉一以明也；^[四]剛柔相乘，可立主以定也。^[五]是故雜物撰德，^[六]辯是與非，^[七]則非其中爻莫之備矣。^[八]故自統而尋之，物雖衆，則知可以執一御也；^[九]由本以觀之，義雖博，則知可以一名舉也。^[一〇]故處琁璣以觀大運，則天地之動未足怪也；據會要以觀方來，則六合輻湊未足多也。^[一一]故舉卦之名，義有主矣；觀其《彖》辭，則思過半矣。^[一二]夫古今雖殊，軍國異容，中之爲用，故未可遠也。^[一三]品制萬變，宗主存焉。《彖》之所尚，斯爲盛矣。^[一四]

［一］物，衆也。妄，虛妄也。天下之衆，衆皆无妄。无妄之理，必由君主統之也。

［二］統領之以宗主，會合之以元首。

［三］統之有宗主，雖繁而不亂；會之以元首，雖衆而不惑。

［四］錯，雜也。六爻或陰或陽，錯雜交亂，舉貞一之主以明其用。

［五］六爻有剛有柔，或乘或據，有逆有順，可立主以定之。

［六］撰，數也。雜，聚也。聚其物體，數其德行。

［七］辯，明也。得位而承之，是也；失位而據之，非也。

［八］然則非是中之一爻，莫之能備。訟《彖》云"訟有孚，窒惕中吉，剛來而得中也"，因《彖》云"貞，大人吉，以剛中也"之例是也。

［九］无爲之一者，道也，君也。統而推尋，萬物雖殊，一之以神道；百姓雖衆，御之以君主也。

[一〇] 博，廣也。本，謂君也、道也。義雖廣，舉之在一也。

[一一] 天地雖大，覩之以琁璣；六合雖廣，據之以要會。天地之運，不足怪其大；六合輻湊，不足稱其多。

[一二]《彖》總卦義，義主中爻。簡易者，道也、君也。道能化物，君能馭民[一]。智者觀之，思過其半。

[一三] 古今革變，軍國殊別，中正之用，終無疏遠。

[一四] 品變積萬，存之在一。

夫少者，多之所貴也。寡者，衆之所宗也。[一]一卦五陽而一陰，則一陰爲之主矣；[二]五陰而一陽，則一陽爲之主矣。[三]夫陰之所求者，陽也。陽之所求者，陰也。[四]陽苟一焉，五陰何得不同而歸之？陰苟隻焉，五陽何得不同而從之？故陰爻雖賤，而爲一卦之主者，處其至少之地也。[五]或有遺爻而舉二體者，卦體不由乎爻也。[六]繁而不憂亂，變而不憂惑，約以存博，簡以濟衆，其唯《彖》乎？[七]亂而不能惑，變而不能渝，非天下之至賾，其孰能與於此乎？[八]故觀《彖》以斯，義可見矣。[九]

[一] 自此已下，明至少者爲至多之所主，豈直指其中爻而已。

[二] 同人、履、小畜、大有之例是也。

[三] 師、比、謙、豫、復、剝之例是也。

[四] 王弼曰：「夫陰陽相求之物，以所求者貴也。」

[五] 王氏曰：「陽貴而陰賤。」以至少處至多之地，爻雖賤，衆亦從之。小畜《彖》云「柔得位而上下應之」是也。

[六] 遺，棄也。棄此一爻而舉二體以明其義，卦體之義，不在一爻。豐、歸妹之類是也。

〔一〕 君能馭民　"馭"，天祿琳瑯本、南宋建陽本、岳本作"御"。

277

［七］簡易者，道也、君也。萬物是衆，道能生物，君能養民。物雖繁，不憂錯亂；爻雖變，不憂迷惑。

［八］萬物雖雜，不能惑其君；六爻雖變，不能渝其主。非天下之至賾，神武之君，其孰能與於此？言不能也。

［九］觀《象》以斯，其義可見。

明爻通變

夫爻者，何也？[一]言乎變者也。[二]變者何也？情僞之所爲也。[三]夫情僞之動，非數之所求也。[四]故合散屈伸，與體相乖。[五]形躁好靜，質柔愛剛，體與情反，質與願違。[六]巧歷不能定其筭數，聖明不能爲之典要，[七]法制所不能齊，度量所不能均也。[八]爲之乎豈在夫大哉。[九]陵三軍者，或懼於朝廷之儀；暴威武者，或困於酒色之娛。[一〇]

［一］將釋其義，假設問辭。

［二］爻者，效也。物剛效剛，物柔效柔。遇物而變，動有所之，故云"言乎變者也"。

［三］變之所生，生於情僞。情僞所適，巧詐多端，故云"情僞之所爲也"。

［四］情欲僞動，數莫能求。

［五］物之爲體，或性同行乖，情貌相違，同歸殊塗，一致百慮。故萃卦六二："引吉无咎。"萃之爲體，貴相從就。六二志在靜退，不欲相就。人之多辟，己獨取正，其體雖合，志則不同，故曰"合散"。乾之初九："潛龍勿用。"初九身雖潛屈，情无憂悶，其志則申，故曰"屈伸"。

［六］至如風虎、雲龍，嘯吟相感；物之體性，形願相從。此則

情體乖違，質願相反。故歸妹九四："歸妹，愆期遲歸，有時。"四體是震，是形躁也；愆期待時，是好靜也。履卦六三："武人爲于大君，志剛也。"兌體是陰，是質柔也；志懷剛武，爲于大君，是愛剛也。

[七] 萬物之情，動變多端，雖復巧歷、聖明，不能定筭其數，制典法、立要會也。

[八] 雖復法制、度量，不能均齊詐偽長短。

[九] 情有巧偽，變動相乖，不在於大。而聖明巧歷，尚測不知，豈在乎大哉。

[一〇] 陵三軍，暴威武，視死如歸，若獻酬揖讓，汗成霢霂。此皆體質剛猛，懼在微小。故大畜初九："有厲，利已。"九三〔一〕："輿說輹。"雖復剛健，怯於柔弱也。

近不必比，遠不必乖。[一] 同聲相應，高下不必均也；同氣相求，體質不必齊也。[二] 召雲者龍，命呂者律。[三] 故二女相違，而剛柔合體。[四] 隆墀永歎，遠壑必盈。[五] 投戈散地，則六親不能相保；[六] 同舟而濟，則吳越何患乎異心[二]？[七] 故苟識其情，不憂乖遠；苟明其趣，不煩強武。[八] 能說諸心，能研諸慮[九]，睽而知其類，異而知其通，[一〇] 其唯明爻者乎。[一一] 故有善邇而遠至，命宮而商應。[一二] 脩下而高者降，與彼而取此者服矣。[一三]

〔一〕 九三 "三"，天祿琳瑯本、南宋建陽本、岳本皆作 "三"，宋本《周易集解》作 "二"。按：此爻辭在大畜九二，作 "二" 是。

〔二〕 則吳越何患乎異心 "吳"，天祿琳瑯本、南宋建陽本、岳本、《周易要義》所引作 "胡"。據《孫子·九地篇》典故，則當作 "吳"。按：此句及注文及下條注文，底本或作 "吳"，或作 "胡"，而天祿琳瑯本、南宋建陽本、岳本、宋本《周易集解》、《周易要義》所引（下條注 "何憂胡越"，《要義》未引）皆作 "胡"。後不復出校。

［一］近爻不必親比，遠爻不必乖離。屯六二、初九爻雖相近，守貞不從；九五雖遠，十年乃字，此例是也。

［二］初、四，二、五，三、上。同聲相應，不必均高卑也；同氣相求，不必齊形質也。

［三］雲，水氣也。龍，水畜也。召水氣者水畜，此明有識感无識。命陰呂者陽律，此明无識感有識〔一〕。

［四］二女俱是陰類，而相違；剛柔雖異，而合體。此明異類相應。

［五］隆，高也。墀，水中墀也。永，長也。處高墀而長歎，遠塋之中，盈響而應。九五尊高，喻於隆墀；六二卑下，同於遠塋。唱和相應也。

［六］投，置也。散，逃也。置兵戈於逃散之地，雖是至親，不能相保守也。遯卦九四："好遯，君子吉。"處身於外，難在於內。處外則超然遠遯。初六至親，不能相保守也。

［七］同在一舟而俱濟彼岸，胡越雖殊，其心皆同。若漸卦三四，異體和好，物莫能間。順而相保，似若同在一舟。上下殊體，猶若吳越。利用禦寇，何患乎異心。

［八］苟識同志之情，何憂胡越也。苟知逃散之趣，不勞用其威武也。

［九］諸物之心，憂其凶患，爻變示之，則物心皆說；諸侯之慮，在於育物，爻變告之，其慮益精。

［一〇］睽《象》曰"萬物睽而其事類也"，"男女睽而其志同也"。

［一一］知趣舍，察安危，辯吉凶，知變化，其唯明爻者乎。

［一二］善，脩治也。邇，近也。近脩治言語，千里遠應。若中孚

〔一〕此明无識感有識 "有"，天祿琳瑯本、南宋建陽本、岳本、宋本《周易集解》、《周易要義》所引同。按：律呂應和，當是无識感无識。"有"疑當作"无"。阮元《校勘記》："錢本、閩、監本'有'作'无'。"

之九二："鳴鶴在陰，其子和之。"鳴於此，和於彼，聲同則應，有若宮商也。

[一三]處下脩正，高必命之。否之初六"拔茅，貞吉"，九四"有命，疇離祉"也。與，謂上也。取，謂下也。君上福祿，不獨有之，下人服者，感君之德。大有六五"厥孚交如，威如，吉"之例是也。

是故情偽相感，遠近相追，[一]愛惡相攻，屈伸相推。[二]見情者獲，直往則違。[三]故擬議以成其變化，語成器而後有格。[四]不知其所以爲主，鼓舞而天下從者，見乎其情者也。[五]是故範圍天地之化而不過，曲成萬物而不遺，[六]通乎晝夜之道而无體，一陰一陽而无窮。[七]非天下之至變，其孰能與於此哉。[八]是故卦以存時，爻以示變。

[一] 正應相感是實情，蹇之二、五之例；不正相感是偽情，頤之三、上之例。有應，雖遠而相追，睽之三、上之例；无應，近則相取，賁之二、三之例是也。

[二] 同人三、四，有愛有惡，迭相攻伐。否、泰二卦，一屈一伸，更相推謝。

[三] 獲，得也。見彼之情，往必得志。屯之六四"求婚媾，往吉，无不利"之例。不揆則往，彼必相違，六三"即鹿无虞，惟入于林中。君子幾不如舍，往吝"之例是也。

[四] 格，作括。括，結也。動則擬議，極於變化，語成器而後无結閡之患也。

[五] 鼓舞，猶變化也。易道變化，應人如響，退藏於密，不知爲主也。其爲變化，萬物莫不從之而變，是顯見其情。《繫辭》

曰："聖人之情見乎辭。"又曰："鼓之舞之以盡神。"

［六］範，法也。圍，周圍也。模範周圍天地變化之道，而不過差；委曲成就萬物，而不有遺失。

［七］陽通晝，陰通夜。晝夜，猶變化也。極神妙之道，而无體可明。一者，道也。道者，虛无也。在陰之時，不以生長而爲功；在陽之時，不以生長而爲力，是以生長无窮。若以生長爲功，各盡於有，物之功極，豈得无窮乎？

［八］非六爻至極通變，以應萬物，則不能與於此也。

明卦適變通爻

夫卦者，時也；爻者，適時之變者也。[一]夫時有否泰，故用有行藏；[二]卦有小大，故辭有險易。[三]一時之制，可反而用也；一時之吉，可反而凶也。[四]故卦以反對，而爻亦皆變。[五]是故用无常道，事无軌度，動靜屈伸，唯變所適。[六]故名其卦，則吉凶從其類；存其時，則動靜應其用。[七]尋名以觀其吉凶，舉時以觀其動靜，[八]則一體之變，由斯見矣。夫應者，同志之象也；位者，爻所處之象也。[九]承乘者，逆順之象也；遠近者，險易之象也。[一〇]內外者，出處之象也；初上者，始終之象也。[一一]是故雖遠而可以動者，得其應也；雖險而可以處者，得其時也。[一二]弱而不懼於敵者，得所據也；憂而不懼於亂者，得所附也；[一三]柔而不憂於斷者，得所御也。雖後而敢爲之先者，應其始也；[一四]物競而獨安於靜者，要其終也。[一五]故觀變動者，存乎應；察安危者，存乎位。[一六]辯逆順者，存乎承乘；[一七]明出處者，存乎外內。[一八]

［一］卦者，統一時之大義；爻者，適時中之通變。

［二］泰時則行，否時則藏。

［三］陰長則小，陽生則大。否卦辭險，泰卦辭易。

［四］一時有大畜之制，反有天衢之用。[一]一時有豐亨之吉，反有羈旅之凶是也[二]。

［五］諸卦之體，兩相反正，其爻隨卦而變。泰之初九："拔茅，彙，征吉。"否之初六："拔茅，彙，貞[三]。"卦既隨時，爻變亦準也[四]。

［六］卦既推移，道用无常，爻逐時變，故事无軌度。動出靜入，屈往伸來，唯變所適也。

［七］名其謙、比，則吉從其類；名其蹇、剝，則凶從其類。震時則動應其用，艮時則靜應其用。

［八］尋謙、比、蹇、剝，則觀知吉凶也。舉艮、震，則觀知動靜也。

［九］得應則志同相和。陰位，小人所處；陽位，君子所處。

［一〇］陰承陽則順，陽承陰則逆。故小過六五乘剛，逆也；六二承陽，順也。遠難則易，近難則險。需卦九三近坎，險也；初九遠險，易矣。

［一一］內卦是處，外卦是出[五]。初爲始，上爲終。

〔一〕一時有大畜之制反有天衢之用　岳本、宋本《周易集解》同；天祿琳瑯本、南宋建陽本、《周易要義》所引，"大畜"後有"比泰"，"天衢"後有"後夫復隍"。

〔二〕反有羈旅之凶是也　"是"，岳本同；天祿琳瑯本、南宋建陽本、宋本《周易集解》、《周易要義》所引無"是"字。

〔三〕拔茅彙貞　"貞"，底本原作"征"，天祿琳瑯本、南宋建陽本、岳本、宋本《周易集解》、《周易要義》所引作"貞"。據否卦原文及此段文義，顯當作"貞"，因改。

〔四〕爻變亦準也　"變亦"，底本原作"亦變"，非是。今據天祿琳瑯本、南宋建陽本、岳本、宋本《周易集解》、《周易要義》所引改。

〔五〕外卦是出　"是"，天祿琳瑯本、岳本、南宋建陽本作"爲"。

［一二］上下雖遠，而動者有其應也。革六二去五雖遠，陰陽相應，往者无咎也。雖險可以處者，得其時也。需上六居險之上，不憂出穴之凶，得其時也。

［一三］師之六五，爲師之主，體是陰柔。禽來犯田，執言往討，處得尊位，所以不懼也。遯九五："嘉遯，貞吉。"處遯之時，小人浸長，君子道消，逃遯於外，附著尊位，率正小人，不敢爲亂也。

［一四］體雖柔弱，不憂斷制，良由柔御於陽，終得剛勝，則噬嗑六五"噬乾肉，得黃金"之例。初爻處下，有應於四者，即是體後而敢爲之先，則泰之初九"拔茅茹，以其彙征吉"之例是也。

［一五］物甚爭競，己獨安靜，會其終也。大有上九："自天祐之，吉无不利。"餘並乘剛，競其豐富；己獨安靜，不處於位。由居上極，要其終也。

［一六］爻有變動在乎應，有應而動〔一〕，動則不失，若謙之九三"勞謙君子，有終，吉"之例。爻之安危在乎位，得位則安，若節之六四"安節，亨"之例；失位則危，若晉之九四"晉如鼫鼠，貞厲"之類是也。

［一七］陰乘於陽〔二〕，逆也。師之六三："師或輿尸，凶。"陰承於陽〔三〕，順也。噬嗑六三："小吝，无咎。"承於九四，雖失

〔一〕在乎應有應而動　天祿琳琅本、岳本同；南宋建陽本、《周易要義》所引作"存乎應，而有應動"；宋本《周易集解》作"在乎應而動"。

〔二〕陰乘於陽　天祿琳琅本、岳本同；南宋建陽本、宋本《周易集解》、《周易要義》所引作"陽乘於陰"。按：底本是，見下注。

〔三〕陰承於陽　天祿琳琅本、岳本、宋本《周易集解》同；南宋建陽本、《周易要義》所引作"陰乘於陽"。按：據下句注文"承於九四"，諸本皆同，則"陰承於陽"即"陰承陽"之意，底本是。

其正，小吝，无咎也。

［一八］遯，君子處外；臨，君子處內。

遠近終始，各存其會。[一]避險尚遠，趣時貴近。[二]比、復好先，乾、壯惡首。[三]明夷務闇，豐尚光大。[四]吉凶有時，不可犯也；[五]動靜有適，不可過也。[六]犯時之忌，罪不在大；失其所適，過不在深。[七]動天下，滅君主，而不可危也；[八]侮妻子，用顏色，而不可易也。[九]故當其列貴賤之時，其位不可犯也。[一〇]遇其憂悔吝之時，其介不可慢也。[一一]觀爻思變，變斯盡矣。

［一］適得其時則吉，失其要會則凶。

［二］遯之上九"肥遯，无不利"，此尚遠也。觀之六四"觀國之光，利用賓于王"，此貴近也。

［三］比初六"有孚，无咎"，上六"比之无首，凶"，復之初九"不遠復，无祇悔，元吉"，上六"迷復，凶"，乾上九"亢龍有悔"，大壯上六"羝羊觸藩，不能退，不能遂，无攸利"之例是也。

［四］明夷《象》云"利艱貞，晦其明也"，豐《彖》云"勿憂，宜日中"是也。

［五］時有吉凶，不可越分輕犯。

［六］動靜適時，不可過越而動。

［七］若夬之九三："壯于頄，有凶。"得位有應，時方陽長，同決小人，三獨應之，犯時之忌，凶其宜也。大過九四："棟隆，吉。有它吝。"大過之時，陽處陰位為美。九四陽處陰位，能隆其棟；良由應初，則有它吝。此所適違時也。

[八]事之大者，震動宇宙。弒滅君主，違於臣道，不可傾危。若離之九四"突如其來如，焚如，死如，棄如"之例是也。

　　[九]事之小者，侮慢妻子，用顏色。若家人尚嚴，不可慢易。家人九三"家人嗃嗃，悔厲，吉。婦子嘻嘻，終吝"是也。

　　[一〇]位有貴賤，爻有尊卑，職分既定，不可觸犯。

　　[一一]吉凶之始彰也，存乎微兆。悔吝纖介雖細，不可慢易而不慎也。

明　象

　　夫象者，出意者也；言者，明象者也。[一]盡意莫若象，盡象莫若言。[二]言生於象，故可尋言以觀象；[三]象生於意，故可尋象以觀意。[四]意以象盡，象以言著。[五]故言者所以明象，得象而忘言；象者所以存意，得意而忘象。[六]猶蹄者所以在兔，得兔而忘蹄；[七]筌者所以在魚，得魚而忘筌也。[八]然則言者，象之蹄也；象者，意之筌也。[九]是故存言者，非得象者也；存象者，非得意者也。[一〇]象生於意而存象焉，則所存者乃非其象也；[一一]言生於象而存言焉，則所存者乃非其言也。[一二]然則忘象者，乃得意者也；忘言者，乃得象者也。[一三]得意在忘象，得象在忘言。[一四]故立象以盡意，而象可忘也。重畫以盡情，而畫可忘也。[一五]

　　[一]立象所以表出其意。作其言者，顯明其象。若乾能變化，龍是變物，欲明乾象，假龍以明乾。欲明龍者，假言以象龍。龍，則象意也[一]。

〔一〕則象意也　底本、岳本"象"後有"之"字，天祿琳瑯本、南宋建陽本無"之"字。據山井鼎《考文》，足利本亦無"之"字。按：上文謂"假言以象龍"，則龍乃象意，所謂言、象、意也。不當有"之"字，今刪去。

〔二〕象以表意，言以盡象。

〔三〕若言能生龍，尋言可以觀龍。

〔四〕乾能明意，尋乾以觀其意。

〔五〕意之盡也，象以盡之；象之著也，言以著之。

〔六〕既得龍象，其言可忘；既得乾意，其龍可捨。

〔七〕蹄以喻言，兔以喻象，存蹄得兔，得兔忘蹄。

〔八〕求魚在筌，得魚棄筌。

〔九〕蹄以喻言，筌以比象。

〔一〇〕未得象者存言，言則非象；未得意者存象，象則非意。

〔一一〕所存者在意也。

〔一二〕所存者在象也。

〔一三〕忘象得意，忘言得象。

〔一四〕棄執而後得之。

〔一五〕盡意可遺象，盡情可遺畫。若盡和同之意，忘其天火之象；得同志之心，拔茅之畫盡可棄也。

是故觸類可爲其象，合義可爲其徵。[一]義苟在健，何必馬乎；類苟在順，何必牛乎。[二]爻苟合順，何必坤乃爲牛；義苟應健，何必乾乃爲馬。[三]而或者定馬於乾，[四]案文責卦，有馬无乾，則僞説滋漫，難可紀矣。互體不足，遂及卦變；變又不足，推致五行。[五]一失其原，巧愈彌甚。[六]縱復或值，而義无所取。蓋存象忘意之由也。[七]忘象以求其意[一]，義斯見矣。

〔一〕忘象以求其意　"忘"，底本原脱，今據天祿琳瑯本、南宋建陽本、岳本、宋本《周易集解》補。

[一] 徵，驗也。觸逢事類則爲象，魚、龍、牛、馬、鹿、狐、鼠之類。大人、君子，義同爲驗也。

[二] 大壯九三有乾，亦云"羝羊"。坤卦无乾，《象》亦云"牝馬"。

[三] 遯无坤，六二亦稱牛。明夷无乾〔一〕，六二亦稱馬。

[四] 唯執乾爲馬，其象未弘也。

[五] 推廣金木水火土爲象也〔二〕。

[六] 一失聖人之原旨，廣爲譬喻，失之甚。

[七] 失魚兔，則空守筌蹄；遺健順，則空說龍馬。

辯　位

案《象》无初上得位、失位之文，[一]又《繫辭》但論三五、二四同功異位，亦不及初上，何乎？[二]唯乾上九文言云"貴而无位"，[三]需上六云"雖不當位"。[四]若以上爲陰位邪，則需上六不得云"不當位"也；若以上爲陽位邪，則乾上九不得云"貴而无位"也。陰陽處之，皆云非位，而初亦不説當位、失位也。[五]然則初上者，是事之終始，无陰陽定位也。[六]故乾初謂之潛，過五謂之无位，未有處其位而云潛，上有位而云无者也。歷觀衆卦，盡亦如之。初上无陰陽定位，亦以明矣。

[一] 陰陽居之，不云得失。

〔一〕 明夷无乾　"乾"，底本原作"健"，今據天祿琳瑯本、南宋建陽本、岳本、《周易要義》、宋本《周易集解》改。

〔二〕 推廣金木水火土爲象也　"推廣"，天祿琳瑯本、南宋建陽本、岳本作"廣推"。《周易要義》、宋本《周易集解》亦作"廣推"。

288

［二］同其意也〔一〕。

［三］陽居之也。

［四］陰居之地。

［五］不論當位、失位，凶吉之由。

［六］初爲始，上爲終。施之於人爲終始，非祿位之地也。

夫位者，列貴賤之地，待才用之宅也。[一] 爻者，守位分之任，應貴賤之序者也。[二] 位有尊卑，爻有陰陽。尊者，陽之所處；卑者，陰之所履也。故以尊爲陽位，卑爲陰位。去初上而論位分，則三五各在一卦之上，亦何得不謂之陽位？二四各在一卦之下，亦何得不謂之陰位？初上者，體之終始，事之先後也。故位无常分，事无常所，非可以陰陽定也。尊卑有常序，終始无常主。[三] 故《繫辭》但論四爻功位之通例，而不及初上之定位也。然事不可无終始，卦不可无六爻，初上雖无陰陽本位，是終始之地也。統而論之，爻之所處則謂之位。卦以六爻爲成，則不得不謂之"六位時成"也。

［一］宅，居也。二、四陰賤，小人居之；三、五陽貴，君子居之。

［二］各守其位，應之以序。

［三］四爻有尊卑之序，終始无陰陽之常主也。

〔一〕同其意也 "同"，底本原作"問"，天祿琳瑯本、南宋建陽本、岳本及《周易要義》所引、宋本《周易集解》皆作"同"。作"問"似文從字順，其實非也。"同其意"，謂《繫傳》以初上无位，與《象傳》同意也，因改。

289

略　例　下

　　凡體具四德者，則轉以勝者爲先，故曰"元亨，利貞"也。[一]其有先貞而後亨者，亨由於貞也。[二]凡陰陽者，相求之物也；近而不相得者，志各有所存也。[三]故凡陰陽二爻，率相比而无應，則近而不相得；[四]有應，則雖遠而相得。[五]然時有險易，卦有小大；[六]同救以相親，同辟以相疏，[七]故或有違斯例者也。然存時以考之，義可得也。[八]

[一] 元爲生物之始，春也。亨爲會聚於物，夏也。利爲和諧品物，秋也。貞能幹濟於物，冬也。乾用此四德，以成君子大人之法也。

[二] 離卦云："利貞，亨。"

[三] 比之六三，處二、四之間，四自外比，二爲五貞，所與比者，皆非己親。是有所存者也。〔一〕

[四] 隨之六三"係丈夫"，九四"隨有獲"，是无應而相得之例也。〔二〕

[五] 既濟六二有應於五，與初、三相近，情不相得之例。〔三〕

[六] 否險泰易，遯小臨大。

〔一〕 此注《集解》本作"既濟六二與初、三相近而不相得，是志各有所存也"。按：此下三條注文，頗爲錯亂顛倒，與正文不相值，《集解》本不誤。但王注本系統所附《略例》皆是如此，不敢據《集解》本逕改。覽者詳之。

〔二〕 此注《集解》本作"比之六三，无應於上，二、四皆非己親，是'无應則近而不相得'之例"。

〔三〕 此注《集解》本作"同人六二志在乎五，是'有應則雖遠而相得'之例"。

［七］睽之初九、九四，陰陽非應，俱是睽孤。同處體下，交孚相救，而得悔亡，是同救相親。困之初六，有應於四，潛身幽谷；九四有應於初，來徐徐，志意懷疑，同避金車，兩相疏遠也。

［八］或有情偽生，違此例者。存其時，考其驗，莫不得之。

凡《彖》者，統論一卦之體者也；《象》者，各辯一爻之義者也。[一]故履卦六三爲兌之主，以應於乾，成卦之體，在斯一爻。故《彖》敍其應，雖危而亨也；[二]《象》則各言六爻之義，明其吉凶之行。去六三成卦之體，而指說一爻之德，故危不獲亨而見咥也。[三]訟之九二，亦同斯義。[四]

［一］《彖》統論卦體，《象》各明一爻之義。
［二］《彖》云"柔履剛，說而應乎乾，是以'履虎尾，不咥人，亨'"也。
［三］六三："履虎尾，咥人凶。"《彖》言不咥，《象》言見咥，明爻、《象》其義各異也。
［四］訟《彖》云"有孚，窒惕中吉，剛來而得中"，《注》云"其在二乎，以剛而來，正夫群小，斷不失中，應斯任矣"，九二"不克訟，歸而逋其邑。人三百戶，无眚"也。

凡《彖》者，通論一卦之體者也。一卦之體，必由一爻爲主。則指明一爻之美，以統一卦之義，☰ 大有之類是也。卦體不由乎一爻，則全以二體之義明之，☷ 豐卦之類是也。

凡言"无咎"者，本皆有咎者也，防得其道，故得无咎也。[一]"吉无咎"者，本亦有咎，由吉故得免也。[二]"无咎，吉"者，先免於咎，而後吉從之也。[三]或亦處得其時，吉不待功，不犯於咎，則獲吉也。[四]或有罪自己招，无所怨咎，亦曰无咎。故節六三曰："不節若，則嗟若，无咎。"《象》曰："不節之嗟，又誰咎也。"此之謂矣。

[一] 乾之九三："君子終日乾乾，无咎。"若防失其道，則有過咎也。

[二] 師："貞，丈人，吉，无咎。"《注》云："興役動衆，无功，罪也，故吉乃免咎。"

[三] 比初六"有孚比之，无咎。終來，有它吉"之例也。

[四] 需之九二："需于沙，小有言，終吉。"《注》云："近不逼難，遠不後時，履健居中，以待其會，雖小有言，以吉終也。"

卦　　略[一]

䷂ 屯：此一卦，皆陰爻求陽也。屯難之世，弱者不能自濟，必依於彊，民思其主之時也。故陰爻皆先求陽，不召自往。馬雖班如，而猶不廢，不得其主，無所憑也。初體陽爻，處首居下，應民所求，合其所望，故"大得民也"。[一]

䷃ 蒙：此一卦，陰爻亦先求陽。夫陰昧而陽明，陰困童蒙，陽能發之。凡不識者求問識者，識者不求所告；闇者求明，明者不諮於闇，故"童蒙求我，匪我求童蒙"也。故六三先唱，則犯於爲女。四遠於陽，則"困蒙，吝"。初比於陽，則"發蒙"也。

〔一〕 天祿琳瑯本、南宋建陽本、岳本下有小注"〇凡十一卦"。

☱☰ 履：《雜卦》曰："履，不處也。"又曰："履者，禮也。""謙以制禮。"陽處陰位，謙也。故此一卦，皆以陽處陰爲美也。[二]

☷☱ 臨：此剛長之卦也。剛勝則柔危矣，柔有其德，乃得免咎。故此一卦，陰爻雖美，莫過无咎也。

☴☷ 觀之爲義，以所見爲美者也。故以近尊爲尚，遠之爲吝。[三]

☱☴ 大過者，棟橈之世也。本末皆弱，棟已橈矣，而守其常，則是危而弗扶，凶之道也。以陽居陰，拯弱之義也，故陽爻皆以居陰位爲美。濟衰救危，唯在同好，則所贍褊矣。九四有應，則"有它吝"；九二无應，則"无不利"也。[四]

☰☶ 遯：小人浸長。難在於內，亨在於外，與臨卦相對者也。臨剛長則柔危，遯柔長故剛遯也。[五]

☳☰ 大壯：未有違謙越禮能全其壯者也，故陽爻皆以處陰位爲美。用壯處謙，壯乃全也；用壯處壯，則"觸藩"矣。

☷☲ 明夷：爲闇之主，在於上六。初最遠之，故曰"君子于行"。五最近之，而難不能溺，故謂之"箕子之貞，明不可息也"。三處明極而征至闇，故曰"南狩獲其大首"也。[六]

☲☱ 睽者：睽而通也。於兩卦之極觀之，義最見矣。極睽而合，極異而通，故先見怪焉，洽乃疑亡也。[七]

☳☲ 豐：此一卦，明以動之卦也。尚於光顯，宣揚發暢者也。故爻皆以居陽位，又不應陰爲美。其統在於惡闇而已矣。小闇謂之沛，大闇謂之蔀。闇甚則明盡，未盡則明昧。明盡則斗星見，明微故見昧。无明則无與乎世，見昧

則不可以大事。折其右肱，雖左肱在，豈足用乎。日中之盛，而見昧而已，豈足任乎。[八]

[一] 江海處下，百川歸之；君能下物，萬民歸之。
[二] 九五："夬履，貞厲。"履道惡盈，而五處尊位，三居陽位，則見咥也。
[三] 遠爲童觀，近爲觀國。
[四] 大過之時，陽處陰位，心无係應爲吉；陽得位有應則凶也。
[五] 遯以遠時爲吉，不係爲美。上則肥遯，初則有厲。
[六] 遠難藏明，明夷之義。
[七] 火動而上，澤動而下，睽義見矣。
[八] 豐之爲義，貴在光大，惡於闇昧也。

圖書在版編目（CIP）數據

周易注 /（三國魏）王弼注；（東晉）韓康伯補注；谷繼明整理 . —北京：商務印書館，2023（2023.10 重印）
（十三經漢魏古注叢書）
ISBN 978－7－100－20654－9

Ⅰ.①周… Ⅱ.①王… ②韓… ③谷… Ⅲ.①《周易》—注釋 Ⅳ.① B221.2

中國版本圖書館 CIP 數據核字（2022）第 020809 號

權利保留，侵權必究。

封面題簽　陳建勝
特約審讀　李夢生

周　易　注

〔三國魏〕王　弼　注
〔東　晉〕韓康伯　補注
　　　　　谷繼明　整理

商　務　印　書　館　出　版
（北京王府井大街36號　郵政編碼100710）
商　務　印　書　館　發行
蘇州市越洋印刷有限公司印刷
ISBN 978－7－100－20654－9

2023年3月第1版　　開本 890×1240　1/32
2023年10月第2次印刷　印張 9.75
定價：58.00 元